“公法与治理”
学术文库
Public Law and Governance

市级立法的权能、实践与优化

——以主体扩容为分析背景

杨惠琪◎著

中国法制出版社
CHINA LEGAL PUBLISHING HOUSE

国家社会科学基金专项重大项目
“社会主义核心价值观融入基层社会治理研究”
(17VHJ006) 阶段性成果

总 序

我们正处于法学史上的关键时期。现代国家制度的观念基础已经悄然发生变化，国家的神圣理论、主权理论、契约理论都在历史的长河中随着时代的变迁而不断翻新，在与国家技术化、中立化理论角逐的过程中，逐渐失去了理论的锐气。在封建时代被奉为君主“私有物”的主权，与封建“领主权”共同确立起来的近代法律制度上的权力概念，也随着国家与社会关系、政府与市场关系、组织与个体关系的调和而变得模糊不清。随着中立主义、相对主义甚至大众娱乐主义哲学话语的大获全胜，霍布斯国家学说中反复出场的“利维坦”很难不被认为是耸人听闻。与公法的权力逻辑相比，公法的治理逻辑已经更加凸显。进而，我们需要从何种角度介入法学（认识论），以何种方式解释法学（方法论），以及法学到底为了什么（目的论），答案并非不证自明。

一、从法学之内迈向法学之外

根据法学历史的发展轨迹，有学者区分了“法学内的法学”和“法学外的法学”。前者运用一套法律家创制的法律语言，沿用来自法律家经验的解释方法，完成法律实务之问题解答，以追求实践—技术的知识之旨趣。德文名曰 Rechtsdogmatik（法律教义学）。它满足于体制内法律解释、评述和法的续造，极力在实在法平台上工作，追求法之安定性与一致性，“守护着经年相沿的行事方式和语言体系，不大情愿在法律之外寻求问题求解的视角，抵御来自正统法学之外的思想方式、概念和知识”。后者是专业法学以外的思想者法学，它所关注的问题、运用的语言及知识追求与法学内的法学有所不同，其采取“外观的立场”而又企图深入法律之内在的根本问题（如“法律存在和效力的终极根据”）。法学以外的这些学者常年垄断着对自然法的解释权，自然法学同时也成为哲学家、伦理学家、神学家或政治学家在学科围墙之外“干预”法学知识领地的通道，直到19世纪实证主义兴起以后这种状况才发生改变，“法律家的法哲学”取代了自然法学。①

因此，哈特将实践法律而非空想家或哲学家所提供的“法律是什么”的答案比作一道道光芒，使我们看到了许多隐藏在法律之中的东西，当然这道光芒又是如此的耀眼，以至于我们对于其余的东西变得盲目。而且，“对比于在各类著作中永无止境的理论纷争，奇怪的是当他们被要求这么干时，大多数人都能轻而易举且很自信地列举出关于法律是什么的例子”②。所以，法学之内的学者认为：“与其脱离程序来奢谈价值，不如基于法之安定性来树立法之权威；与其天马行空地质疑制定法中的价值认定，不如恪守以宪法为核心的制定法体系所表征之形式的价值共识，作为一切具体共识和妥协的一种基础。”③这种共识基础之所以能够被信任，归根结底来自于对现行体制的自信，即类似于假定现行体制下的法本身就是“善”的。因此，作为一种退而

① 舒国滢：《从方法论看抽象法学理论的发展》，载《浙江社会科学》2004年第5期。

② H.L.A. Hart，*Concept of Law*，Oxford University Press，1994，p.2.

③ 林来梵、郑磊：《基于法教义学概念的质疑》，载《河北法学》2007年第10期。

求其次的理论，法学之内的法学自觉选择了目的论“下降”，试图在法律文本最低共识基础上以法之安定性维护法之权威性。在尊重制定法的基础上，以法学方法论为工具，以解决法律实务问题为己任，最终维系并不断重构统一法律秩序。①

然而，法学之内的法学公开放弃的乃是学科界限外的广阔天地。其根本问题在于，“社会事实”中的问题并不以学科为界。社会科学家涂尔干曾旗帜鲜明地提出，要认识社会，进而要形成一门关于社会的科学，就得去发现社会事实。② 表面上看涂尔干的“社会事实”与法学所认知的公法或政治法没有任何干系，而且绝大多数社会科学家都至少表面拒绝将二者拉上关系。但是，在现代民主体制下，“社会事实”就是一种政治事实。或许古代世界人民生活中的“鸡零狗碎”与城邦政治毫无瓜葛，但在现代民主体制下，人民事务无小事，“人民的衣食住行，就是最大的国家政治”。因此，退守法学之内并非明智之举。

二、从神圣政治迈向治理技术

从孔德的“社会物理学”开始，社会科学家就试图在人民之间的关系与物质之间的关系中找到结合之处。孔德自认为，对社会有机体论的统计分析与生物学中对个体有机体论的统计分析间建立起了真正

① 周升乾：《法教义学研究》，中国政法大学 2011 年博士学位论文。

② [法] 迪尔凯姆（涂尔干）：《社会学方法的准则》，狄玉明译，商务印书馆 1995 年版，第 7 页。托克维尔也说：“社会状况一经建立，它立刻可以公正地被认为几乎是规定国家行为之法律、惯例和思想的一切来源：举凡非它产生的东西，它都加以变更。”参见 [法] 托克维尔：《民主在美国》，秦修明等译，吉林出版集团有限责任公司 2013 年版，第 42 页；另可参见董果良译本，商务印书馆 1987 年版，第 52 页。

的对应关系。[①] 最初的社会学就是将“生物有机体”与社会结构做一种细致的类比，实际上是从生物世界中寻找“人民联合”的秘密。他们大多认为，社会的有机特征，就如同生物学上对器官、组织的描述那样，各因素相互依赖、相辅相成。社会系统是一个类同于生物系统的有机系统，其中人的行动就如同生物系统中的细胞。这种“生物学隐喻”的社会思想后来成为结构功能主义的起点，支配着英美社会学界达数个世纪之久。[②] 但是，以“生物学隐喻”表述人类社会的内在联系，多少有动物化的倾向，即以“比较低级的现象去阐明比较高级的现象”[③]。斯宾塞提出的表明人类社会真正性质的“超有机体”概念，试图使社会理论超越适者生存的生物学观点而迈入一种科学发现人民联合内在秩序的学术。

涂尔干在他的博士论文中指出，“一群乌合之众竟然组成了一个社会，一个杂乱无章的国家竟然要去寻求界限和限制，这在社会科学家看来简直是一种骇人听闻的事情”。[④] 在关于劳动分工使社会成为可能的精彩论述中，他旗帜鲜明地说，“事实上，分工所产生的道德影响，要比它的经济作用显得更为重要，在两人或多人之间建立一种团结感，才是它真正的功能。无论如何，它总归在朋友之间确立了一种联合，并把自己的特性注入其中”。[⑤] 分工的重要意义并非让人民获得更多利润，而是通过分工，使人民之间的相互依赖加深了，而且

---

① Auguste Comte，*System of Positive or Treatise on Sociology*，London：Burt Franklin，1875，pp.239-240.

② [英]帕特里克·贝尔特：《二十世纪的社会理论》，瞿铁鹏译，上海译文出版社 2005 年版，第 34 页。

③ [英]鲍桑葵：《关于国家的哲学理论》，汪淑钧译，商务印书馆 1995 年版，第 60 页。

④ [法]涂尔干：《社会分工论》，渠东译，生活·读书·新知三联书店 2000 年版，第 40 页。

⑤ [法]涂尔干：《社会分工论》，渠东译，生活·读书·新知三联书店 2000 年版，第 20 页。

从性质上来说，这种依赖从机械的依赖变成了有机的依赖，他们不是为了使自己高尚而和平共存，不过是因为和平共存而使自己高尚。分工的重要价值，首先不在于它能够通过一种“看不见的手”，将追逐私利的行为转变为公共的福利和社会的秩序，而在于分工带来了人之间的相互依赖和团结，从而构成了作为社会秩序基础的集体良知。[①]

分工不仅使得社会成为可能，更使社会的存在获得了政治伦理，同时还使这种存在格局变得更加复杂、抽象和细致入微。法国思想家福柯清晰地说明了现代国家治理术的内在复杂性、隐秘性。他通过重述刑罚史的方式，发现走向现代的刑罚（国家治理术）并非“从野蛮走向文明”，而是从粗放型权力技术走向密集型“权力技术学”的进程。在他看来，不是权力变得文明了，而是权力通过物理学的方式使自己变得符号化、内在化乃至灵魂化了。[②]也就是说，过去的神圣政治针对的是人的身体，现代的国家治理术针对的是人的灵魂；过去重视威慑，现代重视纪律。这样才产生了以规范文本为基础的“确定性政治”[③]，也因此才有了上述法学之内的法学所始终坚持的制定法及其规则效力。

然而，现代社会中人民联合的内在秩序虽然趋向于“确定性政治”及其国家治理术，但显然人民联合的秘密不是制定法，也不是由制定法权威所构建起来的。涂尔干给我们带来的最大启迪就是，如果分工只是一种劳动的方式，而不具备将人民联合在一起的纽带作用、团结功能，那么以分工为基础的现代社会是不可想象的。因为单纯的程序

① 李猛：《论抽象社会》，载《社会学研究》1999 年第 1 期。

② [法]福柯：《规训与惩罚》，刘北成等译，生活·读书·新知三联书店 2007 年版，第 93、113 页。

③ Stephen Toulmin，*Cosmopolis*：*The Hidden agenda of Modernity*，Free Press，1990，p.20.

技术不能担当起维系人民联合的内在秩序所需要的观念价值资源，同样也就无法为内在秩序基础上的政治体制提供合法性论证。

三、填补理想与现实之间的鸿沟

在现代社会，作为首要“社会事实”的政治事实首先是：在民主体制下，统治者已经不能直接向人民说话（发号施令），他们必须深切理解人民如何说话（社会事实）。学术研究的任务也因此发生了根本性的改变，他们不仅要提出理想，还必须要理解现实。——尽管理想与现实之间存在着不小的鸿沟，[①] 这种鸿沟还常常令有些学者无限亢奋或者几近崩溃，例如马克思、尼采等。法学之所以无法满足变迁中复杂社会的要求，乃是因为它在法律这种人类自己创造的尺度内工作。[②] 面向社会事实本身，是以现实所展示出来的问题为中心展开学术，而非以语言和逻辑构建的学术为中心比附社会。学术自身不会产生问题。至于有学者担心的“以实然推导应然”[③]，这就需要判断如何推导。若仅仅是对现实的完全肯认，失去任何理性分析和建构能力，显然无法推导应然；若是在对经验一手材料理性分析的基础上，提出有益于人民联合和社会秩序的建设性方案，则推导无妨。面向社会事实本身，就是价值中立地理解人民如何说话。这包含着三个问题：为什么是人民说话（深度关注中国社会自身的内在运行机理）；人民以什么方式说话（对人民利益做分类化处理）；人民说了什么（分析反思人民利益的内涵）。需要注意，作为一种

① 李忠夏：《中国宪法学方法论反思》，载《法学研究》2011 年第 2 期。

② 郑戈：《法学是一门社会科学吗》，载《北大法律评论》1998 年第 1 卷第 1 辑。

③ 陈景辉：《法律与社会科学研究的方法论批判》，载《政法论坛》2013 年第 1 期。

“社会事实”的“人民”，不再是“意识形态”概念或政治概念，[①] 而是一个经验性概念。作为一个经验性概念，就可以通过“小人物”的惩戒故事来反观“大历史”。[②]

编辑出版“公法与治理”学术文库，是西南政法大学行政法学院学术行动计划的重要组成部分。我们历来坚持既回归经典，又关注现实。我们认为，人和人生活在一起，并由此构成有机的共同体，并非利用某种个别利益或某种规范可以达成。任何共同体背后都有一套既成的社会事实及其背后的价值体系。“沉睡”的社会（社会整合的缺失）和“亢奋”的社会（社会整合的过度）同样危险。当前中国社会处于转轨时期，体现出来的基本特征就是表面“亢奋”，实质“沉睡”，[③] 因此，深度解读中国社会已经成为许多学者的共识。法学如果不与社会事实及其价值体系达成某种制度性和解，最终伤害的不会是

① 意识形态的“人民”被外在地建构进“人民—非人民”的敌我关系中。据考证，与“国民”相比，“人民”本低于“国民”在政治范畴中的地位。重光在《国民与人民之分别》一文中说：“是故他国有国民，而我国则止有人民。人民者岁贡租税于政府，而不求相当之利也。专以服从强权为能事……哀我同胞，一奴隶之未已，而终古为奴隶乎。”也就是说，“人民”一词是奴隶的别称，是专制压迫和剥削的对象，是无产阶级。“人民”与“国民”最大的区别在于人民尚未觉醒，不求“税利”，亦即没有因纳税而产生相应的权利诉求和国家意识。然而，正是这如同“奴隶”的人民，在李大钊的表述中获得了鲜明的政治力量。1922 年李大钊在《平民政治与工人政治》一文中讲道：“Democracy”原意为“人民的统治”，但资产阶级所用之“人民”具有虚假性，仅指中产阶级，而无产阶级的“Democracy”才符合其原意。王人博发现，李大钊将“劳工问题”“经济问题”“大众文学问题”都挪借到 Democracy 概念中加以消解，而解决这些问题的密钥就是“平等”，平等是一个失衡社会稍有良知的知识分子最为朴素的关切。“人民”由此成为现代话语体系中最有活力的元素，在底层革命浪潮中的重要政治时刻总起着关键性作用。参见高旭等编：《〈觉民〉月刊整理重排本》，社会科学文献出版社 1996 年版，第 199 页，以及李大钊：《平民政治与工人政治》，载《新青年》1922 年第 9 期。

② 陈柏峰：《小人物，大历史》，载《法律和社会科学》2013 年第 11 卷。

③ 周尚君：《地方法治试验的动力机制与制度前景》，载《中国法学》2014 年第 2 期。

社会事实，而是法学，这也是一条政治事实。编辑出版“公法与治理”学术文库，旨在通过发现和整理社会事实中的系列公法问题和治理问题，凝练和升华一批优秀学术作品，期望能够达成所愿。

谭宗泽　周尚君

2017 年 12 月 1 日

序

2015年修订的《中华人民共和国立法法》（以下简称《立法法》）在纵向层面对立法权进行了收放调整：一方面，赋予所有设区的市与个别不设区的市立法权，实现了立法主体在数量上的扩容，促成了市级立法层级的正式成型；另一方面，针对市级立法层级进行了一系列权限设置，使得我国立法体系当中出现了市级立法这一特殊角色。概言之，《立法法》从界定立法权内容与边界的角度出发，希望在制度层面厘定市级立法权的具体内容，以期在放权与限权之间取得平衡，进而缓和激发地方活力与维护法制统一之间的张力。故而，如何在新形势下承接并运用立法权，已成为决定未来市级立法实践效果的关键所在。随着时间的推进，当下已经产生了诸多市级立法成果，以实证方式对目前市级立法状况以及立法成果进行详细分析，有利于全面审视制度设计的合理性与实效性。本书以立法主体扩容为背景，综合考察市级立法的特殊权限与功能，在形成理论判断的基础上，结合对市级立法实践情况的实证分析，探究现有立法权调整方案的实效情况，并致力于提出市级立法未来优化路径。具体研究将会通过引论、正文、结论三部分展开。

引论部分集中说明了问题的来源背景、研究意义以及研究现状，并且，通过对“市”“市级立法”等语词界定阐明了研究的基本对象，再借由对研究思路的初步梳理，为研究主体搭建了基本框架结构。正文部分则依循理论与实践分析相结合的思路，共计安排了四章主体内容，其中：

第一章从规范、历史、理论三个视角出发，尝试阐明市级立法主体扩容机理，证成立法主体扩容的必要价值。就规范角度而言，通过考察从较大的市到设区的市这一历程，展现立法主体扩容对市的立法身份整合功效。并且，依据对城市自身发展逻辑、中央与地方立法事权划分逻辑、府际关系演变逻辑的梳理，论证立法主体扩容符合我国基本发展趋势。最后，在国家治理现代化视阈下，分析立法主体扩容同试验治理方法论精神的契合之处，阐释市级立法的信息优势与制度竞争价值。

第二章在呈现立法权配置理论的基础上，对现有立法体制下市级立法权配置情况进行批判分析。指明主体扩容必须谨守法制统一底线，并结合现有规范，通过内外两分视角，借助地方性事务、立法事项、不抵触等法律概念，梳理市级立法权的内容与边界，发现当下配置模式并未成功明晰市级立法权限，仍旧存在立法事项模棱两可、地方事务范围模糊不清、立法内容限制繁多等客观问题。

第三章通过对主体扩容后市级立法实践情况的全面展示，尝试探究现有制度安排的实效如何。通过对近 1700 部地方性法规的整合分析，发现在新市赋权、旧市受限的局面下，市级立法整体热情高涨的同时，在城市地域、法规类型方面还存在实践差异。并且，实践数据展现出了正反两方面效应：一方面，各地积极立法体现了立法主体扩容的现实意义，相关立法事项限定则有助于城市立法特色的提升，丰富的立法成果对城市治理规范化、法治化而言更是莫大助益，也即，立法主体扩容的必要价值得到了实践证成。另一方面，新市、旧市的立法态度差异体现了城市之间立法需求的多元取向同当下统一权限模式的非匹配性，立法文本重复痼疾背后又暗含了市级立法能力不足的境况，省市重复立法则凸显了重叠立法权配置问题未得到有效解决。概言之，前述隐患反映了当下市级立法权配置方式在实践中引发的具体问题。综上，第三章在对前文理论分析进行系统性实践验证的基础上，尝试找寻未来优化市级立法、完善立法体制的切入点。

第四章在理论与实践综合分析的基础上，认为需要以优化权力配置、约束权力行使、加强社会监督及参与三方联动形式，实现对市级立法的进一步优化。市级立法层级成型于立法主体扩容背景之下，是实现国家治理现代化的题中之义，对其进行优化也不能仅局限于现有权力配置思路，必须结合行权约束与激活社会等多种手段，为相关立法制度完善提供整全方案。具体而言，权力配置方面需要在肯定扩容方向的立场上，探索进一步放权与区别化松绑的可能，并且，在目前省市职责同构局面下，确立市级优先行使重叠立法权原则。在权力行使方面则需要以辅助方式提升立法能力，防范立法官僚化及权力滥用，并通过建构审释结合机制强化对市级立法权的约束。另外，借助社会力量，激发社会活力，打造持续化、制度化、组织化的立法公众参与途径，再结合长效、有序、多元的第三方立法评估机制，加强市级立法的社会参与和监督程度。

结论部分指明，此次立法主体扩容以及市级立法权的具体配置与功能设置，都是我国立法体制改革的重要举措，其意图均在于寻求大国法律规范如何在多样与统一之间实现平衡，并希望以此发掘实现国家治理现代化的可行路径。经过全书论证，认为立法权理论上的收放意图得到了实践的初步验证，但同时也存在较大的完善空间，其中，尤以立法权配置优化、权力行使约束、社会监督参与为今后主要发展点。市级立法的价值必须被重视，其发展更需被保障，必须承认，随着时间的推移，该论题的相关研究仍需留待实践检验，自然也存在进一步深化论证的必要，不过，对该领域问题保持一种清醒认识与持续关注，亦是研究旨趣所在。

目　录

CONTENTS

引 论

一、提出问题

《立法法》作为一部设定、规范立法体制和制度的重要法律，为我国立法活动划出了规矩方圆，在我国法律体系形成过程中起到了“桁架”作用。《立法法》在维护国家法制统一、规范立法活动方面可谓功不可没，即便如此，《立法法》自制定之初也有一些争议。[①]2014 年 8 月，施行 14 年的《立法法》迎来首次修改时机，在国家深化改革、治理模式转变、特色社会主义法律体系形成的大背景下，此次立法法的修改肩负着重要的现实任务，它必须对我国立法体制中的一系列问题作出正面且系统的回应。例如，是否需要以及在何种程度上需要激活地方的制度创新潜力？地方的真实立法需求如何，以及需要进行哪种形式的立法？如何通过对立法权限的适度调整，推进“加强中央政府宏观调控职责和能力”“加强地方政府公共服务、市场监管、社会管理、环

① 具体可参见徐向华、林彦：《我国〈立法法〉的成功与不足》，载《法学》2000 年第 6 期；杨利敏：《我国〈立法法〉关于权限规定的缺陷分析》，载《法学》2000 年第 6 期；周永坤：《法治视角下的立法法——立法法若干不足之评析》，载《法学评论》2001 年第 3 期；上官丕亮：《立法法对行政立法程序规定的缺陷及其完善》，载《行政法学研究》2001 年第 3 期；孙潮、徐向华：《论我国立法程序的完善》，载《中国法学》2003 年第 5 期。

境保护等职责”[①] 的落实？如何以制度设计的方式实现立法资源在中央与地方之间的和谐流动？等等。这些问题一方面反映了原本《立法法》在解答中央与地方立法权配置上的滞后与失衡，另一方面则表明修改后的《立法法》必须在立法权配置问题上有所建树，它不仅需要进一步完善我国的立法体制设计，更需要在维护法制统一和促进地方发展之间做出更加精准的平衡。

2015年3月，《立法法》最终完成修改并正式公布，在诸多“亮点”[②] 中，最受关注的是“明确赋予设区的市立法权”这一举措。虽然早有放权“苗头”[③]，但经过新《立法法》的正式确定，这一行政层级最低、权力配置特殊、数量相对广泛的新兴立法层级，成为当下央地事权划分、地方治理、立法研究理论实践当中最为火热的议题。理论界、实务界对市级立法权的讨论也由修法前、修法中的“要如何放权”，转变为修法后的“要如何行权”，毕竟，此次修法意味着新放权方案的正式确立，如何行使市级立法权自然成为既定方案之下的首要考量。问题的转向持续点燃了研究的热情，市级立法权成为理论界的热点、焦点问题。市级立法层级作为新兴事物，[④] 其研

① 参见《中共中央关于全面深化改革若干重大问题的决定》，2013 年 11 月 12 日中国共产党第十八届中央委员会第三次全体会议通过。

② 姜明安：《改进和完善立法体制，〈立法法〉呈现七大亮点》，载《行政管理改革》2015 年第 4 期。

③ 放权苗头在早期体现为，2014 年 10 月 23 日通过的《中共中央关于全面推进依法治国若干重大问题的决定》，要求“明确地方立法权限和范围，依法赋予设区的市地方立法权”。

④ 严格地讲，市级立法并不算是新事物，旧《立法法》中“较大的市”作为市级主体，也享有立法权。但较大的市相对于我国全部地市级单位而言，数量占比较少，并且，多年来较大的市地方立法数量也并不突出，权限方面也同省级立法主体并无二致，因此，以往一般将其笼统地归入地方立法整体性研究当中。但新《立法法》的放权操作，将市级立法主体扩张至全国所有设区的市，导致该层级立法主体数量暴增，且市级立法主体热情极高，再加上权限的特殊限制，可以说，当下的市级立法同修法前的较大的市立法已经不同，现在的市级立法主体完全有了自身独特性，不能将其简单纳入地方立法整体当中。因此，本书认为它是一种新兴的立法层级。

究价值自不必赘言。

任何一种改革方案都必须配以相应的制度设计，《立法法》也专为市级立法层级设置了一系列配套规定，以期帮助市级立法层级这一数量相对庞大的“初学者”，在未来更好地运用立法权的同时，能够谨守法制统一这一基本红线。问题在于，在立法主体扩容这一大背景之下，《立法法》目前针对市级立法的相关制度设计的理论价值如何，实践中又是否行之有效？这些问题我们仅仅通过理论层面的分析，很难对其作出妥善的解答，考虑到市级立法实践时间已五年有余，并产生了千余部立法成果，在此希望从理论与实证双重分析视角入手，对当下市级立法的相关制度设计方案进行深入考察，以期从中发现问题，进而探讨如何对市级立法进行制度优化。

二、研究对象

（一）如何理解市级立法中的“市”

我国最早出现的国家意义上的建制市——广州市仅为县级市，民国时期的特别市同县平级，普通市则是县辖市，级别更低。随后产生的中央直辖市同省相当，省辖市则同县平级。新中国成立后，科层制管理容纳到了“市制”当中，城市建制也逐步内嵌于政府层级体系之中，“市”的地位愈发得到提升。当下，城市级别不仅延伸至县级以上的所有政府层级，更是产生了多种类、多层级的不同的“市”，依据国家结构制度、政权组织制度、行政管理层级等不同因素，可以对市作出不同的类型化分析。[①] 考虑到“我国的城市分级制度并不是一

① 刘君德、范今朝：《中国市制的历史演变与当代改革》，东南大学出版社 2015 年版，第 18—19 页。

套独立的体系，而是以政府层级体系为基础并与其相契合的”[①]，为了最大限度地还原当下“市”的主要种类，在此以政府层级为依托，对我国现存的法定名称为“市”的情况进行了归纳：

表 1　现有“市”情况分类汇总[②]

层级	名称	具体情况
省级单位	直辖市	北京、上海、重庆、天津
地级单位	经济特区市	深圳、珠海、厦门、汕头
	副省级市	共计 15 个，包括 10 个省会城市和 5 个计划单列市[③]
	较大的市	共计 49 个
	设区的市	设有市辖区的建制市统称设区的市，包括绝大多数地级市
	地级市	除了仅存的 5 个不设区的“直筒子市”之外[④]，所有地级市都是设区的市
县级单位	省（自治区）直辖县级市	海南省 5 个[⑤]、新疆维吾尔自治区 10 个[⑥]、河南 1 个[⑦]以及湖北 3 个[⑧]

① 朱光磊、何李：《从竞争到伙伴：中国市制改革的政治逻辑》，载《南开学报（哲学社会科学版）》2017 年第 1 期。

② 表 1 的分类列明了当下我国存在的以“市”命名的情况，涉及数据来源于民政部“全国行政区划数据查询平台”，http://xzqh.mca.gov.cn/map，2020 年 3 月 1 日访问。

③ 名单为：广州、深圳、南京、武汉、沈阳、西安、成都、济南、杭州、哈尔滨、长春、大连、青岛、厦门、宁波。其中青岛、大连、宁波、厦门、深圳是计划单列市，其他的都是省会城市。

④ “直筒子市”是对不设区的地级市的统称，目前我国仅剩余 5 个直筒子市，分别是甘肃省嘉峪关市、广东省东莞市和中山市、海南省三沙市和儋州市，这 5 个地级市直接下辖乡、镇、街道。

⑤ 以“市”命名的有：文昌市、琼海市、万宁市、五指山市、东方市。

⑥ 以“市”命名的有：石河子市、阿拉尔市、图木舒克市、五家渠市、北屯市、铁门关市、双河市、可克达拉市、昆玉市、胡杨河市。

⑦ 仅有济源市。

⑧ 以“市”命名的有：仙桃市、潜江市、天门市。

续表

层级	名称	具体情况
县级单位	自治州辖市、盟辖市、地区辖市	归自治州管辖或由省（区）政府的派出机构“地区”“盟”管辖①
	一般县级市	由地区（盟）行署、自治州、地级市管辖的不设区的城市②

上表基本囊括了我国当下所有法定名称为“×× 市”的情形③，据2019 年统计数据显示，不包括港澳台地区，我国合计有 4 个直辖市(省级)、293 个地级市、375 个县级市。④笔者发现，在我国以“市”命名的行政地区很多，它们不仅层级各不相同，分类上也五花八门，虽然我们依照纵向的层级标准对其进行了简单的种类概括，却也带来了另一个问题：我们在讨论“市级立法”时，是否这些法定名称为“××市”的地区都被纳入研究范围之内。根据我国现行法律规定，并非所有的市都享有立法权且可进行立法，故而，本书首先需要明确的是，我国目前哪些市具有立法身份，哪些市才是需要纳入市级立法研究范

① 目前，有自治州辖市 43 个，盟辖市 4 个，地区辖市 8 个。

② 地区行署所辖县级市大多是行署所在地城市，大多存在于中西部地区；盟行署管辖县级市的情况存在于内蒙古自治区；地级市所辖县级市大多存在于沿海发达地区；州辖市一般是自治州所在地城市。

③ 当然，除了这种基本的层级区分之外，还有一些国家新区所辖市、改革开放试验区辖市，这些新区或合作区之内下辖市的层级状况十分复杂，有的是直辖市内某一区，有的是副省级市，有的是普通地级市。虽然也是一种分类方法，但作为个案而言，不具备层级分类的全面覆盖性，并且，这些新区或合作区内辖市都已经被表格中的层级汇总所覆盖，故而不再采纳有些学者的观点，将新区或合作区的辖市看作是一种单独的类别。

④ 数据来源于中华人民共和国民政部：《中华人民共和国行政区划简册（2019）》，中国地图出版社 2019 年版，第 1 页。

围的基本研究对象。

根据我国《立法法》相关规定，目前具有立法权的市有两级三类，其中，三类分别是直辖市、设区的市以及部分不设区的市，两级则是指上述三类市中，直辖市属于省级建制，其余两类属于地级市建制。不过，直辖市虽以“市”冠名，却不在本书研究范围之内。理由有三：第一，从行政层级上看，直辖市是“省”级建制，我国的“市制”体系已经嵌入了行政层级体系当中，也即，城市建设发展状况以及国家整体城市体系安排同国家公共权力，尤其是行政权力之间已经形成了一种同构关系。[①] 因此，直辖市虽以市命名，但实质上已享有更高层级的公共权力。第二，行政层级的不同导致了直辖市同地级市在立法权配置上的重大区别，并由此影响了两者立法的发展方向与存在价值。换言之，从层级与立法权配置上看，直辖市同地级市之间的差异较大，自然不能将其混为一体进行分析。第三，考虑到本书的研究主要基于“立法主体扩容”这一前提性的时间与事实判断，而“立法主体扩容”主要针对的是地级市立法主体数量的增多，因此，作为省级市的直辖市自然不能归属于此次的研究对象。

综上，本书将市级立法中的“市”限定为地级市层级，就目前而言，包括设区的市和部分不设区的市。根据表 1 可知，地级市本身就由设区的市和不设区的市两部分构成，依照统计，我国仅剩余 5 个不设区的“直筒子市”，分别是甘肃省嘉峪关市、广东省东莞市和中山市、海南省三沙市和儋州市，这 5 个地级市直接下辖乡、镇、街道。但是，根据《全国人民代表大会关于修改〈中华人民共和国立法法〉的决定》，只有嘉峪关市、东莞市、中山市、三沙市具有立法权，儋

---

① 刘君德、范今朝：《中国市制的历史演变与当代改革》，东南大学出版社 2015 年版，第 30 页。

州市是目前地级市中唯一不享有立法权的城市。故而，可以说地方立法主体扩容之后，我国目前除了儋州市外，所有地级市都享有立法权。

（二）如何理解“市级立法”

1. 权力主体限于市级人大及其常委会

依据《立法法》相关规定，地方人大及其常委会和地方政府都具有立法权，但具体又有区别，地方人大及其常委会行使立法权后产生的是地方性法规，地方政府的立法行为则产生地方政府规章。并且，地方性法规和地方政府规章在位阶、权限、审查、批准方面均具有较大不同。[①] 这就涉及一个理论问题：两者是否均归属于地方立法范畴之内？为了解释这一问题，我们可以从广、狭两种视角入手：广义视角将地方政府规章的制定权笼统地归属于地方立法权，地方政府自然也是地方立法主体[②]；而在狭义视角下，地方立法权的主体仅限于地方人大及其常委会，认为“地方立法权具体是指特定的地方国家权力机关制定法规和条例的权力，以及按照法律规定的权限对法规和条例进行审查和批准的权力”[③]。两类观点仅是理论立场不同，都具有一定的道理，但考虑到地方政府规章的效力层级较低，且数量庞大、内容琐碎，相较而言，地方性法规立法程序严格、事项规范，便于进行实证研究。而且地方性法规所调整的事项、制定的程序更具有代表性。

---

① 例如，根据《行政处罚法》的规定，市级地方性法规不可限制人身自由、吊销营业执照，地方政府规章需在法律、法规规定的给予行政处罚的行为、种类和幅度的范围内作出具体规定。尚未制定法律、法规的，地方政府规章对违反行政管理秩序的行为，可以设定警告、通报批评或者一定数额罚款的行政处罚。

② 汤唯、毕可志：《地方立法的民主化与科学化构想》，北京大学出版社 2002 年版，第 1—2 页。

③ 葛洪义等：《我国地方法制建设理论与实践研究》，经济科学出版社 2012 年版，第 128 页。

因此，本书对市级立法取狭义理解，仅指市级人民代表大会及其常务委员会制定地方性法规的行为。

2. 排除变通立法

除此之外必须承认的是，虽然本次修法赋权极具广泛性，但本书的研究仅限于一般意义上的市级立法情形，也即，排除了少数民族地区、经济特区的变通性立法情形。这是因为，所谓“变通”是指允许自治条例、单行条例、经济特区法规作出与上位法“不一致”的规定，作为“上位法优于下位法”原则的例外。这些特殊立法权理论上都是基于特殊的地方情况而被赋予的，其中既包括民族区域自治，也包括经济特区在改革开放过程中的“先行先试”，相应的立法也应明确针对“当地民族的特点”和“经济体制改革的需要”来进行。因此，相对于市级立法主体而言，变通立法本身就又具备了一层“特殊性”，因变通立法的特殊性而产生的系列问题，不在本书的分析框架之内。

三、研究综述

（一）相关研究情况

《立法法》修订前，市级立法的基本状况为：有权主体较少、权限无特殊性、立法成果不多，理论界多将其归入到地方立法这一大范围内进行研究，因此，我们对市级立法进行研究梳理时，也必须对相关的地方立法研究成果予以重视。以2000年《立法法》制定以及2015年《立法法》修改为分水岭，相关研究呈现出一定的阶段性特征。

第一阶段是从20世纪90年代到《立法法》颁布前。这一时期对地方立法相关问题的关注主要集中在“地方立法权之必要性”方面。《立法法》颁布时，国家的相关工作重点需要逐步转移到社会主义现代化建设领域，相应地，国家立法体制也需要从央地关系角度科学考量立法事项划分问题。因此，理论界在回应国家现实状况的基础上，集中探讨了地方立法是否需要进一步地强调与深化。该时期较为热门的理论问题有：如何在统一和分散立法中进行取舍，① 如何划分立法权，② 如何在转型时期妥善解决央地立法关系。③ 另外，不少学者根据地方立法的实践效果，归纳了需要注意的一些问题，较为受到关注的有立法冲突、重复立法、越权立法，等等。④ 同时一些相关著作⑤ 也从央地关系方面对地方立法的相关问题表示了关注，但是相对而言讨论并不充分深入。并且，此阶段的相关研究对市级立法问题也有所涉及，并主要是针对较大的市立法权而展开。整体而言，市级立法相关研究基本同地方立法研究方向保持一致，也集中于要不要赋权、赋权性质如何等基础性问题，只不过研究对象实现了从“地方”到“较大的市”的限缩。其中，以宓雪军、敖俊德等为代表的学者针对市级立法权，提出了很多具有建设意义的见解，为我国的立法实践提供了可资借鉴的理论来源。宓雪军认为，较大的市的立法权是一种不完整的立法权，从定量上来分析就是半个立法权，⑥ 它是积极慎重下放立法权的产物。针对半立法权的运行障碍及原因，指出省级人大常委会的批准权是通过撤销、批准和备案制度对下级人大立法的监控权，并对半立法权的

① 谢怀栻：《是统一立法还是地方分散立法》，载《中国法学》1993 年第 5 期。

② 李琳：《关于立法权限划分的理论与实践》，载《法学研究》1998 年第 5 期。

③ 李亚虹：《对转型时期中央与地方立法关系的思考》，载《中国法学》1996 年第 1 期。

④ 朱福惠：《论我国法的冲突及其解决机制》，载《现代法学》1998 年第 4 期。

⑤ 相关可参见薄贵利：《中央与地方关系研究》，吉林大学出版社 1991 年版；吴国光、郑永年：《论中央—地方关系：中国制度转型中的一个轴心问题》，牛津大学出版社 1995 年版。

⑥ 宓雪军：《半个立法权辨析》，载《现代法学》1991 年第 6 期。

存废提出了意见。[①]蔡定剑则认为，赋予市级人大立法权的初衷是将抽象法律具体化，其目的是使法律得以更好地实施，市级（较大的市）人大的立法权不能被看作是独立权力，这种权力只是全国人大立法权的构成部分之一。[②]敖俊德也认为市级（较大的市）立法权不具有独立属性，因市级法规的生效需要省级人大常委会批准，而省级的批准权具有立法权属性。[③]但是，也有学者认为半立法权提法不妥，因设立省级批准权之初衷在于审查市级法规的合法性，其本质上是一种监督权而并不具有立法权属性，市级享有的立法权不能因此而被割裂为不完整立法权。[④]另外，要求限制乃至取消市级立法权的声音亦时有所闻。[⑤]

第二阶段是从2000年《立法法》颁行到2015年《立法法》正式修改之前。2000年颁布的《立法法》从国家法律规范层面对地方立法权予以了肯定与确认，学界对该领域的研究重心也从“赋予地方立法权是否必要正当”转向了“对地方立法权的引导与规制”“地方如何制定良法”等现实性问题。学者之间较为一致的观点是，承认地方立法本身具有积极意义，例如地方立法具有民主价值、试验价值、治理价值、地方法律化价值等，[⑥]但是实践之中又凸显了许多地方立法

① 宓雪军：《半立法权探讨》，载《中国法学》1991年第6期。

② 蔡定剑：《立法权与立法权限》，载《法学研究》1993年第5期。

③ 敖俊德：《地方立法批准权是地方立法权的组成部分——兼评王林“地方立法批准权不是立法权的组成部分”》，载《人大工作通讯》1995年第8期。

④ 夏平华、杜永昌、罗志先：《对“半立法权”概念的异议——兼与宓雪军同志商榷》，载《中国法学》1993年第2期。

⑤ 例如，何建贵曾提出建议取消省会市和较大的市的立法权的观点，参见何建贵：《地方立法若干问题思考》，载《政法论坛》1996年第1期。

⑥ 可参见张帆：《规范的缝隙与地方立法的必要性》，载《政治与法律》2010年第3期；黄文艺：《认真对待地方法治》，载《法学研究》2012年第6期；周尚君：《地方法治试验的动力机制与制度前景》，载《中国法学》2014年第2期。

问题，例如：立法缺乏必要性、越权冲突、可操作性差、特色匮乏，等等[①]，进而将造成问题的原因归因于权限划分并不明晰[②]、立法观念落后[③]、立法监督的缺失[④]、民主参与程度不足[⑤]等方面。但无论如何，这一阶段对地方立法问题的研究已经逐渐深化，学者们发现问题、分析问题的成果显著增多。[⑥]著作类中比较典型的则有：孙波、熊文钊等人，以中央地方法治化为基本论题，述及了对地方立法问题的相关规制。汤唯、封丽霞、王崟屾等人，则从地方立法议题出发，述及了

① 可参见雷斌：《改进地方立法的几个问题》，载《人大研究》2011 年第 2 期；涂青林：《论地方立法的地方特色原则、实现难点及其对策》，载《人大研究》2013 年第 6 期；汤善鹏、严海良：《地方立法不必要重复的认定与应对——以七个地方固废法规文本为例》，载《法制与社会发展》2014 年第 4 期。

② 可参见谭波：《论完善中央与地方权限争议立法解决机制》，载《法学论坛》2009 年第 3 期；邬蕾：《地方利益崛起背景下中央与地方权限争议分析及改革思路》，载《探索》2013 年第 1 期；庞凌：《论地方人大与其常委会立法权限的合理划分》，载《法学》2014 年第 9 期。

③ 可参见高其才：《现代立法理念论》，载《南京社会科学》2006 年第 1 期；崔卓兰、孙波：《地方立法质量提高的分析和探讨》，载《行政法学研究》2006 年第 3 期；骆惠华：《试析地方立法工作中的几个观念问题》，载《人大研究》2008 年第 9 期；曹胜亮：《论地方立法的科学化》，载《法学论坛》2009 年第 3 期；黄文艺：《谦抑、民主、责任与法治——对中国立法理念的重思》，载《政法论丛》2012 年第 2 期。

④ 可参见薛佐文：《论我国的立法监督制度》，载《西南民族大学学报（人文社会科学版）》2005 年第 7 期；汪庆红：《地方立法监督实证研究：体制与程序》，载《北方法学》2010 年第 6 期；王春业：《论地方立法的合宪性审查机制》，载《学习论坛》2011 年第 1 期；甄贞、王志坤：《诉讼监督地方立法的反思》，载《国家检察官学院学报》2011 年第 1 期；柴方胜：《论我国地方立法监督制度的问题与对策》，载《地方治理研究》2013 年 S1 期。

⑤ 可参见王锡锌、章永乐：《专家、大众与知识的运用——行政规则制定过程的一个分析框架》，载《中国社会科学》2003 年第 3 期；宋方青：《地方立法中公众参与的困境与出路》，载《法学》2009 年第 12 期；王仰文：《地方人大委托“第三方”参与立法的理论诠释与实践思考》，载《河北法学》2014 年第 10 期。

⑥ 可参见孙波：《论地方专属立法权》，载《当代法学》2008 年第 2 期；向立力：《地方立法发展的权限困境与出路试探》，载《政治与法律》2015 年第 1 期。

如何在当前环境下，对地方立法中出现的不足之处予以补正。该阶段对市级立法的研究仍旧以较大的市的立法为主题，且多将较大的市纳入到地方立法的整体当中一同分析，也即，地方立法当中存在的问题与应对措施，也适用于较大的市。专门针对较大的市立法权而进行的研究并不多，且较为集中于分析如何规范行使立法权，如何制定良法等方面。不过，也有一些研究尝试从市级（较大的市）立法权本身的特殊性入手，对其自身完善提出了一些建议。例如，有学者从较大的市本身内涵不清[①]及立法权存在的利与弊分析入手，[②]在分析问题的基础上指明了未来市级立法的应然走向。也有研究对国务院批准较大的市的制度设计提出批判，认为国务院对于较大的市的批准制度具有非理性特征，并试图对这一授权行为进行改良，[③]希望从程序的角度匡正较大的市立法权在运行中存在的问题。[④]同时，也有一些偏向实证的研究成果倾向于认为较大的市立法效率低下，需要调整和统一较大的市内涵，以及扩大较大的市立法在区域立法中的参与范围和作用。[⑤]

2015 年《立法法》修改也将对地方立法的相关研究引领到了新阶段。修改后的《立法法》对立法体制进行了调整，它将地方立法权下放到所有设区的市，引发了地方立法理论研究的大转变，其中最为突出的表现是，对市级立法权问题进行专门研究的成果

---

① 郑磊：《“较大的市”的权限有多大——基于宪法文本的考察》，载《国家行政学院学报》2009 年第 1 期。

② 参见陶有伦：《关于“较大的市”立法权讨论》，载《行政与法》2003 年第 6 期；赵辉：《对较大的市及其立法权的讨论》，载《哈尔滨学院学报》2008 年第 5 期。

③ 李兵：《国务院批准具有立法权的“较大的市”行为研究》，载《行政法学研究》2006 年第 2 期。

④ 庄红蕾：《对“较大的市”审批工作的思考》，载《行政与法》2014 年第 7 期。

⑤ 陈光、于海亭：《较大的市立法的制度变迁及其改进》，载《中国矿业大学学报（社会科学版）》2010 年第 1 期。

数量显著增多，[①] 且多集中于分析市级立法面对的挑战与机遇，能够带来哪些影响，以及未来如何做好相关立法工作。具体有如下几类：

第一，市级立法权限问题。修法期间对放权的争议就持续不断，其中一部分争议来自于对市级立法合宪性的质疑，少数学者认为《立法法》对市级立法的规定依据不明，[②] 有违宪之嫌，但多数学者认为市级立法权违宪说是对宪法文本的不当解读，[③] 而《立法法》扩充地方立法主体的内容可视作法律对宪法的续造，或解读为“以立法的方式发展宪法”。[④] 并且，由于修改后的《立法法》仅对市级立法权限作出了较为模糊的类型化限制，有学者认为需要对市级有权立法事项作出限制性解释，也有学者通过实证分析方式，结合以往立法实践，对市级立法的具体实现范围作出了初步界定。[⑤] 以上研究说明，市级立法在权限厘定方面仍具有研究空间，各种意见、建议、观点的正确性，有待在实施过程中进一步验证。[⑥]

第二，市级立法权行使问题。目前学界对未来市级立法权行使

---

① 《立法法》的修改工作从 2014 年 8 月开始，在 2015 年甚至 2014 年年底的时候，理论界就已经开始重视市级立法问题，该时段内即便一些研究本身的议题仍旧是“地方立法问题”，但真正的研究重心却是“市级立法问题”，因此，该部分的研究描述不再区分地方立法与市级立法，而是主要对市级立法研究情况进行综述。

② 陶有伦：《关于“较大的市”立法权讨论》，载《行政与法》2003 年第 6 期。

③ 王怡：《论“较大的市”之立法权——基于对宪法文本的解读》，载《中山大学法律评论》第 12 卷第 4 辑，广西师范大学出版社 2014 年版。

④ 郑毅：《对我国〈立法法〉修改后若干疑难问题的诠释与回应》，载《政治与法律》2016 年第 1 期；李少文：《地方立法权扩张的合宪性与宪法发展》，载《华东政法大学学报》2016 年第 2 期。

⑤ 程庆栋：《论设区的市的立法权：权限范围与权力行使》，载《政治与法律》2015 年第 8 期。

⑥ 易有禄：《设区市立法权的权限解析》，载《政法论丛》2016 年第 2 期。

前景的预计较为理性，基本认同是“风险与机遇并存”[①]。风险可能会集中在权力运行、立法质量、审批压力和司法适用等几个方面，[②]并且，地方保护主义、部门立法、立法需求等问题也被许多研究多次提及。[③]机遇则体现在市级立法对于激发地方活力、地方法治建设、国家治理、央地关系法治化、社会公共管理等方面[④]均具有一定价值。

第三，市级立法完善问题。市级立法主体扩容之后，如何对可能出现的风险进行防范成为一些学者的主要关注，并在此基础上形成了一些理论性建议。这些意见虽然散见于不同的研究，但却具有较强的类似性，主要对策性建议多集中在：完善释宪机制以配合立法体制调整，[⑤]进一步优化立法权限配置，[⑥]重塑地方人大常委会和立法的政治过程，让地方立法回归民主，[⑦]完善监督机制以及加强程序控制，[⑧]强

---

① 周尚君：《地方立法权扩容的“喜”与“忧”》，载《学习时报》2015 年 10 月 29 日，第 4 版。

② 王仰文：《限量下放模式下地方立法权平稳承接研究》，载《时代法学》2016 年第 2 期。

③ 秦前红、刘怡达：《地方立法权主体扩容的风险及其控制》，载《海峡法学》2015 年第 3 期；徐亚文、邵敏：《论新〈立法法〉修订后的市级立法权》，载《哈尔滨工业大学学报（社会科学版）》2016 年第 2 期；汪俊英：《关于设区的市立法权的若干思考》，载《学习论坛》2016 年第 3 期。

④ 焦洪昌、马骁：《地方立法权扩容与国家治理现代化》，载《中共中央党校学报》2014 年第 5 期；张洋：《地方如何用好立法权》，载《人大建设》2015 年第 5 期；韩业斌：《法治中国与地方法治互动的路径选择》，载《法学》2015 年第 9 期。

⑤ 郑磊、贾圣真：《从“较大的市”到“设区的市”：地方立法主体的扩容与宪法发展》，载《华东政法大学学报》2016 年第 4 期。

⑥ 丁祖年、路国连：《对进一步优化立法权限配置的思考》，载《法治研究》2015 年第 2 期。

⑦ 秦前红、李少文：《地方立法权扩张的因应之策》，载《法学》2015 年第 7 期。

⑧ 马英娟：《地方立法主体扩容：现实需求与面临挑战》，载《上海师范大学学报》2015 年第 3 期；苗连营：《立法法重心的位移：从权限划分到立法监督》，载《学术交流》2015 年第 4 期。

化地方立法能力建设[①]等方面。

（二）评价

全面分析后可发现，市级立法相关的既往研究呈现出以下特征：

第一，研究的阶段性。理论研究必须紧扣时代背景，对市级立法问题的研究也体现出了阶段性特征。《立法法》的制定和修改对市级立法影响深远，也相应引导了理论界的研究方向。随着《立法法》修改，市级立法问题已经从地方立法当中凸显出来，具有了对其进行单独研究的价值与意义。

第二，研究的广泛性。虽然前文大致对以往研究进行了阶段性划分，但是，对市级立法乃至地方立法的研究一直都是极为广泛的，前述分析多选取的是立法权等立法理论研究视角，但实际上，相关研究并不局限于此，一些研究同本书主题相距略远，并未在此提及，后续行文如若涉及会进行指明。必须承认，对市级立法问题的研究具有极大的广泛性，对于法学、政治学、社会学、管理学等多领域问题均具有一定的解释力，这也从侧面凸显了本论题的研究价值。

总体而言，当下研究之中仍旧存在一些不足，并且，这些不足之处在一定程度上讲也是未来相关研究的发展空间所在。

第一，成果更新问题。随着《立法法》修改，既往成果中的某些部分已经不再适用于当下，因此有必要结合既往研究，对于市级立法的主体、权限、面对的问题等，作出最新的全面性分析，

---

① 孙良胜、李艳中：《立法赋权于设区的市——从背景、理论到实践的探究》，载《岭南学刊》2016 年第 1 期；莫纪宏：《提升地方人大立法权利能力与行为能力的制度路径初探》，载《江苏行政学院学报》2016 年第 5 期。

以期获取相应的成果，对未来市级立法活动有所助益。第二，理论实践关联性问题。这一问题的突出表现在于，大部分研究仍旧停留在说理与预判阶段，尤其是对市级立法相关问题的总结以及相应制度完善的论证，都是建立在纯理论分析之上，对于实践论据的掌握不足。第三，研究泛化问题。对市级立法研究广泛也引发了研究的泛化问题，主要表现在对市级立法问题及完善路径的相关研究，呈现出极为分散的状态，这说明相关问题的确具有较为广阔的探讨空间，但同时也证明，对实践情况的分析不足导致了对相关问题的凝练不足。

四、研究方法

（一）规范研究

通过梳理《宪法》《立法法》等相关法律文本，对市级立法的主体演变、权限设置等基本脉络进行全面把握，并结合我国地方立法及市级立法现状，在现有研究文献的基础上，发现市级立法相关隐患并对具体问题进行分类研究，以求提出具有建设性的完善方案。

（二）实证研究

实证研究是指通过对现实材料、数据的搜集，从中发现研究对象在实践中的真实表现，并以此开展相应分析。在此方法的指引下，本书收集、整理了一定时期内市级立法实践及成果，对相关实践材料进行了整合分析，并引入了类型、地域等多种实证分析视角，以便全面客观地发现隐藏在市级立法实践中的现实问题，从而为我们展现市级立法诸多理论问题的现实表征。

（三）交叉学科研究

整体上看，本书采用了多学科研究方法，除了实证分析中会运用定量方法之外，还部分涉及了社会学、经济学、管理学等多学科知识。立法活动本身具有极大的复杂性，对地方立法相关问题进行研究也不能局限于法学领域，希望能从市级立法这一主题入手，在法学、社会学、经济学、统计学等多个学科之间寻求交叉共融，打通学科壁垒。

五、研究思路

鉴于当下市级立法相关研究较多偏重于具体问题的对策性分析，并且缺乏系统的实证分析研究，本书相关研究更多会采用一种整全方式，尝试对市级立法这一主题进行全面梳理，并且结合主体扩容后的市级立法实践情况开展实证分析。具体会依照如下思路展开研究：

第一部分以理论论证为主，集中展现市级立法当下面貌。该部分会进一步区分为具有关联性的两个方面。第一，论证地方立法主体扩容机理。主要目的是展现为何进行主体扩容，即为何要产生市级立法层级，并引入本书的主要理论工具，也是市级立法层级形成的主要理论依托——国家治理现代化以及试验治理相关理论。第二，分析目前市级立法权限情况。借由对《立法法》等法律的分析，梳理地方立法权扩容后，制度层面对市级立法权进行的限定。具体将会聚焦市级立法的内在、外在边界进行区分研究，目的在于从规范角度阐明目前市级立法权的内容与边界。以上两方面共同配合，完成第一部分的研究任务：从理论及制度角度对市级立法权进行全面梳理与评介。

第二部分则以实证分析为主，主要考察市级立法实践的基本情况。通过对市级立法四年来实践状况的跟踪研究，收集了近 1700 部市级地方性法规。该部分会在综述新市[①]、旧市[②]具体实践状态的基础上，对市级立法整体状况进行分析，并借助地域区分、类型化区分等方法，实现对样本数据的纵深利用，凝练出扩容后市级立法实践呈现的正反两类效应，并结合第一部分的理论分析成果，剖析实践情况背后所隐含的深层次问题。

第三部分在前文论证的基础上，进一步提出如何对市级立法进行优化，即市级立法的未来发展进路如何。该部分指出面对市级立法呈现出的相关问题，并不能将希望简单地寄托于单一的分散性对策，而是必须考虑建构综合整全的应对方式。具体而言，未来市级立法的发展应当重点从优化权力配置、强调行权约束入手，其中，界定权限即为明晰立法权配置情况，行权约束则需要从制度与社会两方面入手，在完善相关立法制度的情况下，注重对社会力量的运用。

---

① 新市指代了因修法而新获权的城市，主要是设区市和个别不设区市。

② 旧市是指原本就具有立法权的较大的市。

第一章　立法主体扩容机理

第一节　主体扩容基本历程

一、扩容前：较大的市多重面貌

《立法法》修订前，全国仅49个较大的市享有立法权。什么是“较大的市”？如果仅从一般的语义角度出发，“较大的市”其实面临着双重限定：首先，它必须是市级单位；其次，这一市级单位在规模上必须满足“较大”的要求。顺此思路，我们只要继续厘定市级单位与规模较大的具体含义，自然能够对“较大的市”给出一个合理的界定。但实际上，“较大的市”具有多重面貌，前述的理解只能算是最为浅显单一的解释，在面对形形色色的法律文本、政策文件时，这种解释就显得尤为苍白。为了帮助厘清思路，本节分别从行政区划和地方立法两个角度入手，还原“较大的市”的多重面貌。

（一）角色一：行政区划对象

行政区划是指“一个国家根据政治统治与行政管理的需要，遵循有关法律规定，综合考虑地理条件、经济联系、民族分布、人口密度、历史传统、文化背景等因素，将国土划分为若干层级、不等幅员的行政区域，并在各个行政区域设置相应的政府机构，实施分级分区管理，从而形成国家治理的基本空间格局”[①]。它体现的是中央与地方在行政管理上的具体关系，因此，在这一意义上探讨“较大的市”，更多是从行政管理角度出发。并且，行政区划往往会根据不同时期的实际需要产生全局或局部性的调整，因此，“较大的市”其实也随着我国的行政区划相关规定的实际调整，经历了一些发展变动。

在我国历史上的政策法律中，最早出现同“较大的市”概念类似的表述为“较大之市”。该表述出现在1951年9月4日实施的《各级地方人民检察署组织通则》[②]第3条中，它规定“较大之市人民检察署得设办公室”。虽然并未找到其他有价值的对“较大之市”作出进一步阐释的资料，但到了1954年，“较大的市”在我国“五四宪法”中以法律概念的形式出现了。[③]1959年通过的《关于直辖市和较大的市可以领导县自治县的决定》进一步规定：“直辖市和较大的市可以领导县、自治县。”[④]依据该文件精神，当时的“较大的市”就是一种设置了区且可以直接领导县的特殊地级市，它在当时我国地级市群体中占据了较大的比重。囿于特殊历史因素，后续的“七五宪法”中并未出现“较大的市”的相关表述，不过，随后颁布的“七八宪法”将较

① 周振鹤：《行政区划史研究的基本概念与学术用语刍议》，载《复旦学报（社会科学版）》2001年第3期。

② 该法律已在1987年的全国范围法律清理中宣布失效，具体文本内容来自北大法宝数据库。

③ “五四宪法”第53条在对我国的行政区域划分作出列举式说明后，专门规定：“直辖市和较大的市分为区。”

④ 相关内容参见中国人大网站：http://www.npc.gov.cn/wxzl/gongbao/2000-12/10/content_5004348.htm，2020年3月1日访问。

大的市界定为可设区、县的特殊地级市，又一次肯定了“较大的市”的宪法概念地位。[①] 时至今日，我国现行《宪法》中依旧延续了“七八宪法”对“较大的市”的相关规定，并未对其作出变动。也即，较大的市虽然成为宪法概念，但它在《宪法》中的存在意义仅限于行政区划意义。这点也可以从《宪法》的条文内容安排中看出：无论是“五四宪法”“七八宪法”还是当下的“八二宪法”，都是在规定我国行政区域划分的条文中，对较大的市进行了具体说明。

综上，“较大的市”首先是一种行政区划意义上的表述，它是一个被我国《宪法》承认且明确了相关含义的特殊市级行政区划名称，具体来看，“较大的市”就是设置区、县的地级市，其范围具有不特定性。除此之外，我国《宪法》并未对较大的市赋予其他意涵。

（二）角色二：地方立法主体[②]

除了行政区划含义之外，“较大的市”在立法意义上还具有其他不同的含义，这也是造成对其产生含义理解混乱的直接原因。前文曾述，较大的市虽然经历了一系列发展变动过程，但我国《宪法》始终并未赋予其行政区划意义之外的含义。不过，立法意义上“较大的市”却更为复杂。

我国在立法意义上对“较大的市”作出相关规定的法律有两部，分别是《立法法》和《地方各级人民代表大会和地方各级人民政府组织法》（以下简称《地方组织法》）。其中，《地方组织法》在 1982 年

---

① “七八宪法”第 33 条规定：“直辖市和较大的市分为区、县。”

② 该部分会探讨《立法法》《地方组织法》对较大的市地方立法权的规定，由于两部法律已经在 2015 年进行了修订，现行有效的法律文本中已经没有了较大的市这一概念，因此出于行文需要，这部分主要是讨论 2015 年修订之前的相关规定。

就对“较大的市”作出了规定：“省、自治区的人民政府所在地的市和国务院批准的较大的市的人民代表大会常务委员会，可以拟定本市需要的地方性法规草案，提请省、自治区人大常委会审议，并报全国人大常委会和国务院备案。”虽然此时“较大的市”享有的仅是拟定法规草案的权力，但实质上已经超出了《宪法》对“较大的市”原有的单纯行政区划定位。1986 年的《地方组织法》则进一步赋予了较大的市制定地方性法规的权力，并延续了 1982 年《地方组织法》对较大的市的范围限定。虽然《地方组织法》在 1995 年又经历了一次修订，但对于较大的市的相关规定未做变动，仍旧沿用了 1986 年的相关规定。因此，从《地方组织法》文本的变革情况来看，“较大的市”的含义在其中进行了两方面的变动：一是突破了《宪法》对其单一的行政区划限定，具备了地方立法权力；二是改变了“设置区、县的地级市”的一般限定，其范围缩小到了需经国务院批准的市。也即，地方组织法将“较大的市”变为一个狭义、明确的概念：国务院所批准的具有地方立法权的市。[①]

不过，虽然都是从地方立法意义上分析“较大的市”，《立法法》对其所做的规定，却又同《地方组织法》不尽一致。在地方立法权方面，《立法法》同《地方组织法》一样，肯定了“较大的市”地方立法主体地位，但两者在“较大的市”的具体外延方面有了分歧。具体而言，《立法法》扩大了《地方组织法》对于较大的市的范围界定，将其设定为“省、自治区的人民政府所在地的市，经济特区所在地的市和经国务院批准的较大的市”。综上，地方立法意义上的“较大的

① 我国分 4 次批准了 19 个较大的市，其中的重庆市已升格为直辖市，因此，地方组织法意义上的较大的市其实只有 18 个。

市”在享有地方立法权方面保持了一致，但在具体的外延方面有着一定分歧。结合前文对行政区划意义上“较大的市”的分析，在此对“较大的市”的多重面貌剖析如下：

1. 它具有行政区划、地方立法上的双重性质；

2. 法律层面上的“较大的市”具有三种不同的外延。

表 2 “较大的市”的不同外延情况

行政区划	地方立法	
《宪法》	《地方组织法》	《立法法》
不具体 需设区、设县	国务院批准（18 个）	1. 国务院批准（18 个） 2. 省、自治区的人民政府所在地（27 个） 3. 经济特区（4 个）[①]

二、扩容后：市的立法身份整合

2015 年《立法法》修订，开启了地方立法的新篇章。根据《立法法》第 72 条的规定，设区的市享有了有限的立法权，正式以立法角色走入人们的视野。除此之外，地方立法意义上的“较大的市”，也正式被“设区的市”所取代。其实，早在《立法法》修订过程中，就有代表提出“较大的市”同“设区的市”概念重合，建议“不要再同时出现这两个词”，只讲“设区的市”。[②]在修订后的正式文本中，“较大的市”这一概念虽然得到了保留，但其出现的次数由原本的 11 次

① 我国经济特区有 7 个，但除去海南、霍尔果斯、喀什这些非地级市单位后，只有 4 个符合条件，为：深圳、珠海、汕头、厦门。

② 相关审议意见可参考杨卫：《“较大的市”“设区的市”概念重叠》，http://www.npc.gov.cn/zgrdw/npc/xinwen/2014-08/31/content_1876764.htm，2020 年 3 月 1 日访问。

（修订前的《立法法》）下降到了 3 次，且均因解决新旧《立法法》调整地方立法权产生的概念重合这一遗留问题而存在，因此，从这个意义上说，虽然新《立法法》中保留了“较大的市”的概念，但其原本的地方立法意涵转而由“设区的市”这一新角色承担了。除此之外，2015 年 8 月修订的《地方组织法》，也将原本“较大的市”的表述统一改为“设区的市”，以配合《立法法》的相应调整，至此，“设区的市”彻底取代了立法意义上“较大的市”，成为我国地方立法体系中市级立法层级的主要主体。①

如图 1、图 2 所示，前文在对“较大的市”进行含义分析时曾指出，“较大的市”在法律文本中含义混乱，产生了角色上的冲突和外延上的冲突。《立法法》用“设区的市”取代“较大的市”，在一定程度上终结了“较大的市”运用混乱的客观局面。

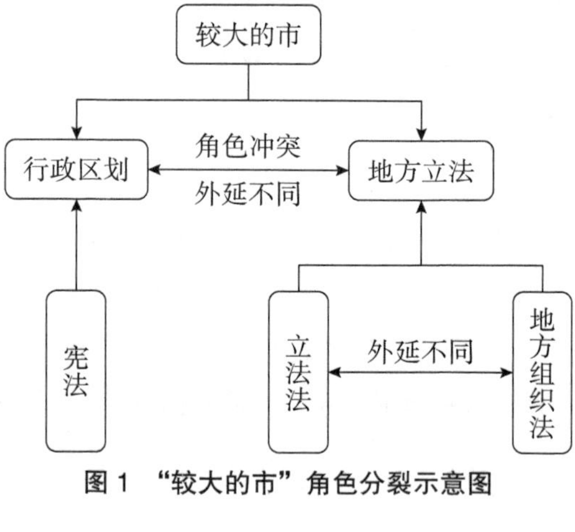

图 1 “较大的市”角色分裂示意图

① 之所以称其为主要，是因为还有极个别不设区的市也具有立法权，所以，其实可以将市级立法的主体笼统地称为设区的市。

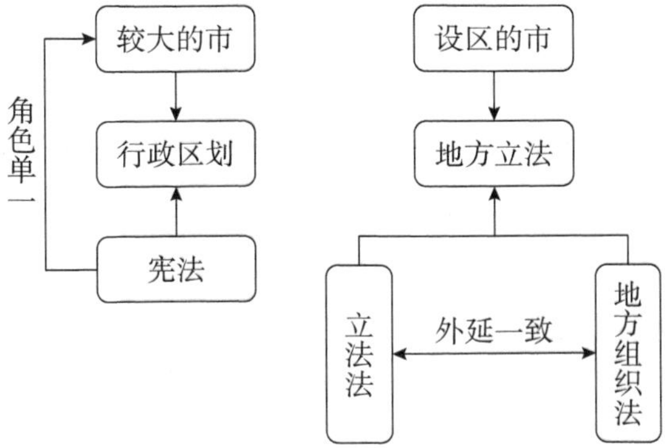

图 2　当下“设区的市”“较大的市”关系示意图

《立法法》让“设区的市”承担起“较大的市”的立法角色，在一定程度上整合了“市”在立法意义上的身份角色。根据公开资料显示，《立法法修正案（草案）》的一审稿、二审稿中仍旧沿用“较大的市”这一概念，只是增加了“其他设区的市”这一称谓，并未用“设区的市”完全取代“较大的市”。一审稿和二审稿均写明：“本法所称较大的市是指省、自治区的人民政府所在地的市，经济特区所在地的市，国务院已经批准的较大的市和其他设区的市。”① 因此，最开始的修订方案是继续扩大“较大的市”的外延，将“其他设区的市”也纳入“较大的市”范围当中，从而完成地方立法主体的扩容。这一方案虽然能够扩大市级立法主体范围，但极易令原本就使用混乱的“较大的市”概念变得更加复杂，② 并且，也不会为解决“较大的市”角色分裂产生多大助益。因此，在最终修订的《立法法》正文中，“设区

① 相关一审稿、二审稿可参见中国人大网立法法修改专栏：http://www.npc.gov.cn/zgrdw/npc/lfzt/2014/node_27175.htm，2020 年 3 月 1 日访问。

② 原本“较大的市”具有三种具体类型，送审稿的处理方式将“较大的市”变为了四种类型，会有代表提出建议合并两者也不奇怪了。

的市”全面取代了“较大的市”，在清晰表明何为市级立法主体之余，也整合了《立法法》修订前“较大的市”外延的三分状态（见前文表2）。自此，“较大的市”仅具有宪法上的行政区划身份，表明某市级主体具有设置区、县的资格，而“设区的市”则是一种状态描述，表明某市已经具有了“区”这一设置，继而承接《立法法》的规定，具备了地方立法权。因此，从这一角度而言，立法法又理顺了“较大的市”和“设区的市”两者的复杂关系。

并且，从“较大的市”转向“设区的市”，良好地解决了实践中设区市数目多，但取得地方立法权途径狭窄这一矛盾。依据《宪法》规定，设置了“区、县”的地级市都有可能成为较大的市，但现实中全国范围内已经设区的市高达近300个，不设区的“直筒子市”仅有5个，[①] 因此，我国绝大多数设区的市其实都具备了申请较大的市的基础条件。但如前文表2所示，在《立法法》修订前，某市如果想要获得地方立法权，理论上有三个渠道：成为省会；成为经济特区；得到国务院批准。对于绝大部分地级市而言，前两个渠道仅具有理论上的意义，实践操作价值极低，相反，“国务院批准”这一渠道相对来说具有一定的可行性。从数量上看，国务院前后共批准了18个较大的市，从城市类型上看，这18个市各有特色，很难从中找寻到一定固定模式，因此，模糊化的审批标准使得各个城市看到了希望，在申请较大的市方面十分积极。可是，“较大的市”这一稀缺资源的决定权始终掌握在国务院手中，虽然

① 我国地级市中不设区的市俗称“直筒子市”，一直以来全国仅有5个“直筒子市”，但2015年，海南省的三亚市正式“撤镇设区”，“直筒子市”也仅剩甘肃省嘉峪关市、广东省东莞市和中山市、海南省三沙市4个。同时，2015年海南省儋州市升格为地级市，但并未设区，因此目前“直筒子市”仍旧是5个。

有学者尝试性地总结了国务院审批时倾向考察的几类因素，[①]但哪些条件才是决定某城市能否成为较大的市的关键性因素，始终是一个无解的问题。并且，这种“由行政机关决定地方是否具有立法权”的审批模式，也饱受学者的质疑。因此，《立法法》将市级立法主体由“较大的市”转变为“设区的市”，不仅回应了原有对国务院审批标准不明的质疑，也调和了“设区的市数目众多但立法权获取途径狭窄”这一长期以来的矛盾。

综上，《立法法》的修改客观上形成了市级（地方）立法主体扩容的结果，并实现了市级立法主体从“较大的市”到“设区的市”的转变，[②]以“设区的市”这一角色完成了对“市”立法身份的整合。这一转变具有三大功效：一是终结了“较大的市”含义不清、运用混乱的客观局面；二是在一定程度上整合了市级立法的主体角色；三是调和了“设区的市数目众多但立法权获取途径狭窄”这一长久矛盾。

三、违宪争议及其辨析

市级立法权肇始于“较大的市”，在经历了几十年实践洗礼后，转型于“设区的市”。虽然当下《立法法》《地方组织法》等法律已经

① 通过实践考察，学界一般认为可能存在以下几种影响因素：经济因素；地域或人口数量；自然条件因素；城市重要性；城市示范窗口。但这几类标准是否适格，则又是一个值得讨论的问题。参见李兵：《国务院批准具有立法权的“较大的市”行为研究》，载《行政法学研究》2006年第2期。

② 虽然后续修改的《地方组织法》也用“设区的市”取代了“较大的市”，但考虑到这种方案可以被看作是对修改后《立法法》的回应，是保持法制统一的必然选择，因此，具有开创意义的《立法法》修订，更切合“转换者”这一身份。

对市级立法权进行了多项调整，解决了“较大的市”时期的一些弊病，但是，立法权全面下放于“设区的市”的这一方案仍引发了许多争议。这些争论囊括了下放时机、赋权范围、授权规模、立法质量等方面，而其中最为棘手的一点，莫过于在修法早期存在的，对市级立法权“合宪性”的质疑。但事实上，有关合宪性问题的争论并非由《立法法》扩展市级立法权主体所引起的，早在市级立法权出现之初，也就是 1986 年《地方组织法》正式赋予较大的市立法权之时，学界就已经对市级立法是否合宪展开了讨论。因此，“设区的市”的立法权合宪性问题其实是一个始终存在的老问题，而这一问题直到《宪法修正案（2018)》通过才得以彻底解决。

在《宪法修正案（2018)》通过前，学者普遍认为市级立法权违宪的依据在于，我国《宪法》并未写明市级人大及其常委会“可以制定地方性法规”，《宪法》其他条文也并未涉及市级立法主体问题，因此，市级立法权无法在《宪法》上找到依据①。虽然 2015 年修订的《立法法》已经对市级立法主体的整合作出了努力，但仍旧没有摆脱违宪的嫌疑。②持“合宪说”的学者视角就丰富了很多，例如，有的学者从事实和程序角度出发，认为“当前全国人大高票率通过法律的事实和我国的修宪程序（规范）互相呼应”，“无所谓合不合

① 这一观点的主要依据是，《宪法修正案（2018)》通过前，我国《宪法》第 100 条规定：“省、直辖市的人民代表大会和它们的常务委员会，在不同宪法、法律、行政法规相抵触的前提下，可以制定地方性法规，报全国人民代表大会常务委员会备案。”也即，《宪法》仅将省级人大及常委会纳入了有权进行地方立法的范围。

② 相关评论可参见应松年：《一部推进依法治国的重要法律——关于〈立法法〉中的几个重要问题》，载《中国法学》2000 年第 4 期；周阿求：《我国〈立法法〉良性违宪嫌疑现象浅析》，载《人大研究》2000 年第 10 期。

宪法”。[①] 又如，有学者认为《宪法》的规定构造了一种立法余地，[②] 而该余地就是指安排地方立法诸事宜的权力经宪法赋予全国人大及其常委会，依此思路，《立法法》自然可以对市级立法的主体进行具体安排，此乃市级立法主体扩容的第一重宪法依据。另外，《宪法》虽未明确规定市级立法权相关内容，但却承认了省级立法权，如此便意味着，《宪法》安排中已经体现了对地方立法的承认，此乃《立法法》可以对市级立法主体进行塑造的第二重依据。因此，全国人大及其常委会通过《立法法》对地方立法权主体进行塑造，并不违背宪法的基本精神。[③]

也有学者对“合宪说”提出了不同的支持主张。例如，有学者认为，《宪法》虽然未明确规定市级立法权，但也没有明确禁止市级立法权，这种宪法空白的存在，并不能成为否定市级立法权的依据，并且，从功能效用角度而言，《立法法》对宪法空白的探索并不违背其基本精神，不仅具有较大的试验价值以及社会治理效用，且堪称是立法者对宪法进行阐释发展的代表之举。[④] 同前述主要聚焦于

---

① 洪世宏：《无所谓合不合宪法——论民主集中制与违宪审查制的矛盾及解决》，载《中外法学》2000 年第 5 期。

② “立法余地”，指的是在《宪法》对于立法权的规范与约束之下，立法者所享有的自由形成与自由决定的空间。就概念使用而言，除“立法余地”“立法形成余地”之外，学界常使用的还有“立法裁量”“立法形成空间”“立法形成自由”等。对于不同用语之间的细致辨析，参见城仲模：《关于公法学上“裁量”之用语》，载施茂林主编：《当代法学名家论文集：庆祝法学丛刊创刊四十周年》，法学丛刊杂志 1996 年版，第 257 页；李建良：《宪法理论与实践（二）》，新学林出版股份有限公司 2007 年版，第 359—360 页；赵一单：《立法权的宪法界限研究》，载《甘肃政法学院学报》2016 年第 2 期。

③ 郑磊、贾圣真：《从“较大的市”到“设区的市”：地方立法主体的扩容与宪法发展》，载《华东政法大学学报》2016 年第 4 期。

④ 李少文：《地方立法权扩张的合宪性与宪法发展》，载《华东政法大学学报》2016 年第 2 期。

宪法依据的思路不同，另有学者以“半立法权”为理由，对市级立法进行了重新界定，将其视为仅有立法行为而自身不具有完整权力的情况，并且，认为市级立法的行权依据在于宪法对省级立法主体的权力赋予。① 除此之外，也有学者以法律解释角度为切入点，分别从主观论视角和客观论视角展开分析，作出了“市级立法权合宪”的基本判断，并将《立法法》对市级立法权的相关规定看作对宪法施以积极续造。②

关于市级立法违宪与否的讨论一直持续到2018年，当年3月11日通过的《宪法修正案（2018）》专门增设了设区的市制定地方性法规的规定，对市级立法的合宪性问题作出了回应。目前我国《宪法》第100条第2款专门对市级立法权限问题作出了规定：“设区的市的人民代表大会和它们的常务委员会，在不同宪法、法律、行政法规和本省、自治区的地方性法规相抵触的前提下，可以依照法律规定制定地方性法规，报本省、自治区人民代表大会常务委员会批准后施行。”增加这一规定，有利于设区的市在宪法法律的范围内，制定符合本行政区域实际的地方性法规，更为有效地加强社会治理、促进经济社会发展，也有利于规范设区的市制定地方性法规的活动。③

① 该观点在论证合宪的同时却消解了市级立法的独立主体地位，笔者并不认同。参见刘克希：《较大的市制定地方性法规应经批准——兼论贯彻立法法第6条》，载《法学天地》2001年第1期。

② 郑毅：《对我国〈立法法〉修改后若干疑难问题的诠释与回应》，载《政治与法律》2016年第1期。

③ 相关可参见王晨：《关于〈中华人民共和国宪法修正案（草案）〉的说明》，2018年3月5日第十三届全国人民代表大会第一次会议，中国人大网：http://www.npc.gov.cn/zgrdw/npc/xinwen/2018-03/20/content_2052202.htm，2020年3月1日访问。

第二节　主体扩容依循逻辑

一、城市自身发展逻辑

（一）“市制”流变

《现代汉语词典》将“市”界定为五种不同的含义，分别是：市场；买卖货物；城市；行政区划单位，分直辖市和市；度量衡单位。[①] 显而易见的是，“市场；买卖货物；度量衡单位”三类同我们的研究并无直接关联，因此，“市”的含义就进一步被限定在“城市；行政区划单位”两者之中。现有资料显示，我国相关权威文件中其实也并未对“城市”和“市”两词进行严格的区分。[②] 从内涵上分析，“城市”一词在《现代汉语词典》中的定义是，“人口集中、工商业发达、居民以非农业人口为主的地区，通常是周围地区的政治、经济、文化中心”[③]。可以看出，两者的含义基本一致。考虑到本书研究重点并不在于彻底区分“城市”与“市”，因此本书行文中也会互用两词。综上，在此并不对城市和市两者进行严格的取舍，但是在述及“市”的历史演进过程时，出于理论研究的需要，笔者更多是从行政区划角度入手。依照行政区划专业理论，“市”的演变其实就是“市制”的具体发展过程，毕竟城市在中国语境中主要是实体的，也指代“市制”。[④] 就狭义而言，“市

---

① 出处可参见中国社会科学院语言研究所词典编辑室：《现代汉语词典》，商务印书馆 1978 年版，第 1152 页。

② 例如，2014 年公布的《国务院关于调整城市规模划分标准的通知》，对“城市”和“市”两词就是混合使用的。

③ 出处可参见中国社会科学院语言研究所词典编辑室：《现代汉语词典》，商务印书馆 1978 年版，第 162 页。

④ 范今朝：《权力的空间配置与组织的制度创新》，华东师范大学 2004 年博士学位论文。

制”是指国家在一定的地域范围内建立相应的行政区划建制，并依照立法、行政等方式对其进行管理的制度。[①] 综上，“市制”就是国家设立建制市的制度。也即，通过对“市制”演进的分析，有助于我们从历史本源上一窥市级立法主体——市的前世今生，并发现作为一种政治概念的“市”在我国政治体系中的角色变化。

在我国古代，虽然有实体层面的“郡县治所城市”和自发性的“市镇”，但并没有单独设为行政建制的城市。主要的表现就是，自宋代以来，虽然经济发达的江南地区在早期草市的基础上自发发展出了一些“市镇”，在实体意义上，我们可以将其看作是“城市”的雏形，但在政治层面上，这些市镇并未获得独立的建制。虽然韩光辉等人认为，辽宋金元时期出现的一些都城行政管理机构（都厢、警巡院、录事司、司候司）已经证明了该时期“市制”的形成和建制市的出现，[②] 但事实上这些机构仅能证明该时期出现了作为上级派出机构的城镇，其地位类似于今天的“街道”，而并未形成独立的正式地方建制，自然也不能将其看作严格意义上的建制市，但不可否认的是，这些“市镇”具有了一种准正式建制的意涵。综上，我国古代虽然出现了自治市，但却不同于我们探讨的政治意义上的市，仅能将其看作萌芽阶段。

近代时期，由于外来力量的介入，国家权力逐步弱化，原有的国家权力配置模式也随之产生了变革，也是在这一时期（清末民初），法律、政治方面开始承认市的行政建制地位，古代形成的“自治市”逐

---

① 戴均良：《中国市制》，中国地图出版社 2000 年版，第 3 页。

② 韩光辉、何峰：《辽宋金元城市行政建制与区域行政区划体系的演变》，载《北京大学学报（哲学社会科学版）》2008 年第 2 期。

步向“行政市”转变。因此，清末民初可以看作是“市制”的初始时期。对于这一发展历程已有不少学者作出过专业性、系统性的论述，① 尤其是华伟以“市制”的样板、确立，以及自治市的隐退和行政市的发展为主题，精准地揭示了我国“市制”是如何从“自治市”过渡到“行政市”的。② “珠玉”在前，本书在此就不对其作重复研究，仅在强调近代这一过渡历程的基础上，对“市制”发展的关键性事件作出总结。

表 3　近代“市制”发展的关键事件与相关法律法规 ③

事件	法律规章名称	意义
1909 年 清政府颁布章程承认地方自治，赋予各城市权	《城镇乡地方自治章程》	第一次以全国性法律法规方式明确规定“城乡分治”“地方自治”，近代意义上的“建制市”正式形成。
1911 年 江苏省临时议会发布相关决议	《江苏暂行市乡制》	延续清朝“市制”的自治传统，开启民国时期“市制”发展。
1921 年 中华民国军政府（广州政府）成立广州市	《广州市暂行条例》	“市制”实践正式开始，广州市是中国近代行政区划建制意义上的第一个市，直接隶属于省政府。并且第一次将市与县分开，实行市县平级。

① 相关论证可参见靳润成主编：《中国城市化之路》，学林出版社 1999 年版。

② 华伟：《自治市与行政市——市制从谈之二》，载《中国方域——行政区划与地名》2000 年第 1 期。

③ 表格资料参见刘君德、范今朝：《中国市制的历史演变与当代改革》，东南大学出版社 2015 年版，第 82—114 页。

续表

事件	法律规章名称	意义
1921 年 北洋政府颁布建制市正式文件	《市自治制》	从国家意义上开创中国“市制”
1928 年 南京国民政府变革市乡制	《特别市[①]组织法》 《普通市[②]组织法》	市成为一级地方行政实体，并兼有自治团体性质
1930 年 南京国民政府废止之前颁布的“市制”相关组织法	《市组织法》	将市分为行政院辖市与省辖市两种，提升设市标准
1943 年 南京国民政府修正相关“市制”法律	《市组织法》	市仍为自治单位，但设市标准有所降低。且市的具体职权有所区分：“自治事项”或“执行上级事务”

我国在清末产生了近代意义上的市，到北洋政府时期，“市制”基本都是沿着城市自治方向发展。而在南京国民政府时期，则开始强调市对上级政府的行政服从，促使“市制”从自治属性向行政属性倾斜，虽然总体上近代国家对于市的政治控制力较弱，但依旧体现了国家权力逐步向中央（国家）收拢的趋势。

新中国成立之后，我国开启了现代城市化进程。从资料上看，城市经过了一系列大起大落式发展，“市制”也在不断地产生变革，“中国城市化进程的曲折性和反复性是世界上其他国家所少见的”[③]，

① 特别市由内务部呈请国民政府确定，并同所在省有明确的行政区域界线。

② 普通市由省政府呈请国民政府批准，隶属于省政府，同所在县有明确行政区域界线。

③ 靳润成主编：《中国城市化之路》，学林出版社 1999 年版，第 224 页。

不少学者依据各种理由，曾对1949年之后我国的“市制”发展划分了不同阶段[①]，但总归而言，“市制”仍旧是在国家一元权力制约下的发展结果，这种状态一直未有改变。我们可以将改革开放看作是一道分水岭：在改革开放之前，我国出于工业化战略和政治需要对“市制”进行了系列改革，“市制”的发展被纳入了国家计划，城市的规模和数量受到了严格控制，在大力发展工业之余，市政管理成为高度集中的政治经济体制的一部分，与此同时，频繁撤市以及城市人口减少等城市化回潮现象相继出现，也有一些大城市开始辖县，原有的城乡分治大方向有所松动。改革开放之后，相对而言出现了较大的“市制”发展变革，设市标准的降低引发了市的数量增长，经济状况成为建制市的主要考量因素，并且以城乡合治模式取代了之前的分治模式，就整个过程而言，随着市领导县、地市合并，县改市等一系列改革的推行，建制市基本上演变成了一种广域型的行政建制。[②]

（二）权力与自治：理解“市”的关键

有学者认为城市必须具备一些基本要素：“一定的人口规模下限；必要的政治地位；较高的人口密度；非自然资源提取性职业；机

---

① 例如靳润成、郁晓航认为，我国“市制”发展可分为5个阶段：1949—1957年健康发展，1958—1960年过度城镇化，1961—1965年第一次反城镇化，1966—1976年第二次反城镇化，1977年后重新步入正轨；顾朝林等认为需要划分为4个阶段：1949—1957年起步阶段，1958—1965年大起大落阶段，1966—1978年停滞阶段，1979年以来恢复发展阶段。

② 可参见罗浩：《地域型政区及聚落型政区刍议——兼论撤县设市模式的误区》，载《中国方域》1999年第5期；熊文钊：《试论行政区划层级结构调整》，载《“中央与地方关系法治化”国际学术研讨会论文集》，2007年。

械加工而成的基础设施；财富的象征；特有的生活方式”①，或者需要具备一定的“文化意义”②。虽然这些要素的确是城市所必需的，但它们均没有揭示出城市最为关键的特质。通过对“市”的演变历程进行分析能够发现，“城市的推进并不只是一个自然的历史过程”③，城市最为本质之处在于它是一定区域内某种（或某些）权力（主要是公共权力）的空间集聚。④虽然这一界定当中囊括了“区域”“权力”“空间”“集聚”等关键词，但最为主要的其实还是“权力”。也即，“权力”是我们理解“市”的第一个关键之处，毕竟“没有兼具保护性和压制性的权力：不管这一权力采取什么形式，也不管是哪一社会集团体现这一权力——就没有城市”。⑤这一点在“市制”演进过程中体现得尤为突出，最为典型的即为，我国“市制”的发展始终受到政治力量的影响和制约，它能体现出国家在不同时期的政治逻辑，同国家特定时期的政治目标具有同构性。如表 4 所示，我国的“市”在不同历史阶段的表征不同，其所蕴含的政治目的也自然不同。

---

① Wallance F.Smith, *Urban Development: The Process and the Problems*, University of California Press, 1975, p.3-5.

② ［美］刘易斯·芒福德：《城市发展史：起源，演变和前景》，倪文彦、宋俊岭译，中国建筑工业出版社 1988 年版，第 2 页。

③ 谭天星、陈关龙：《中西城市发展的比较》，江西人民出版社 1999 年版，第 256 页。

④ 范今朝：《权力的空间配置与组织的制度创新》，华东师范大学 2004 年博士学位论文，第 20 页。

⑤ ［法］费尔南·布罗代尔：《15 至 18 世纪的物质文明、经济和资本主义》（第一卷），顾良、施康强译，生活·读书·新知三联书店 1992 年版，第 570 页。

表 4 “市制”演进同国家政治逻辑关联性[①]

时间	“市制”特征	政治目的
清末民初	“市制”出现，自治为主	救亡图存
南京国民政府	国家统治结合城市自治	推行“党国体制”
新中国成立后至改革开放前	以高度集中的政治经济体制代替市政体制	实现工业化，巩固社会主义政权
改革开放早期	政治经济体制朝行政体制转变，市政体制逐步形成	实现经济发展
21 世纪初至今	市政体制和行政体制进一步融合，“市制”的政治属性渐趋隐性化	提供公共服务和社会管理

除此之外，城市的另一个关键词是“自治”。我国的“市制”诞生于清末民初，极大程度上是对西方城市的模仿引进。这就产生了如下问题：一方面，城市因其区域内居民的自治需要而成为地方自治的主要发展阵地，而城市自治的持续扩张又自然演变为民主政治，因此，“自治”的价值不言而喻。[②]另一方面，我国“市”的诞生并非自然的，中央对“市制”的引入使它不可避免地受到了更多的政治（权力）影响。这体现在最开始引入“市制”之前，我们就曾对其表示过怀疑：

“窃尝论之，西方阿利安人种之自治力，其发达固最早。即吾中国人之地方自治，宜亦不弱于彼。顾彼何以能组成一国家而我不能？则彼之所发达者市制之自治，而我所发达者族制之自治也。试游我国

① 这种较为理想的分类梳理观点采纳自朱光磊、何李的总结分析，具体参见朱光磊、何李：《从竞争到伙伴：中国市制改革的政治逻辑》，载《南开学报》2017 年第 1 期。

② 陈之迈：《中国政府（第三册）》，商务印书馆 1946 年版，第 142 页。

之乡镇，其自治规模，确有不可掩者。即如吾乡，不过区区二三千人耳，而其立法行政之机关，秩然不相混。他族亦称是。若此者，宜其为建国之第一基础也。乃一游都会之地，则其状态之凌乱，不可思议矣。凡此皆为族民不能为市民之明证也，吾游美洲而益信。”①

后期的自治市到行政市的转变，更是淡化了“市”的自治意涵，但即便如此，“市”的“自治”价值从未被抹杀过，甚至在当下具有了更加重要的意义。从表 4 可知，在我国当下的城市发展当中，政治意涵逐渐淡化，更多强调的是社会、市场的价值，而并非单纯的政治、行政管制。一方面，“自治”对开展城市管理工作有着不可替代性，这构成了“自治”存在的基础；另一方面，“自治”是地方自身建设发展以及市场、社会同权力博弈的重要动力来源。我国是单一制国家，从政治角度而言地方政府并不是严格的自治组织，这点同西方国家具有明显的区别。但随着其地方的逐渐发展，尤其是地方经济实力、社会活力的不断增强，城市（地方）会要求国家（中央）下放更多相关的治理权限，与此同时，市场、社会也会要求政府放松行政管制。这都为城市自治提供了土壤。当然，从目前来看，我国城市的上述变化还不足以彻底改变中央控制与地方自治的传统格局。在“自治”失灵时，中央仍会拓展自身的管控范围。这样，在我国“市制”改革的百年历程中，城市自治和中央控制之间呈现出了一种循环现象。这种循环并不是简单的往复，而总会以新的博弈景象出现。

二、中央与地方立法事权划分逻辑

立法主体的全面扩容以及市级立法层级的形成也符合我国中央与

---

① 相关代表性论述可参见梁启超：《新大陆游记》，湖南人民出版社 1981 年版，第 144—145 页。

地方立法事权划分逻辑。首先，市级立法权的出现可以被划归我国央地关系改革这一大背景之下，也即，是我国中央与地方关系改革这一现实催生了市级立法。20世纪80年代，我国财政压力剧增，出现了中央行政效率低下、财权事权严重不匹配的情况，于是中央决定采取下放事权，缓解中央财政压力的解决方案。[①] 具体在政治经济领域，表现为一系列以具体城市为试点的改革措施，例如：市管县、经济特区、政企分离试点、计划单列市、房改试点、对外开放，等等。[②] 而在立法领域，则选择了将较大的市作为立法体制改革的试点城市，允许地方在不同上位法冲突的情况下，根据当地实际情况制定相应的法规规章。但是，中央始终对权力下放持谨慎态度，所以，并未大规模地赋予地方立法的权力，希望在收到利好作用后再决定下一步。[③] 故而，较大的市的设立可以说是我国系列改革举措中的重要一环。

其次，市级立法主体扩容背后也具有时代必然性。改革始于财政原因，也转变于财政原因。1994年，我国面临着同20世纪80年代相比完全不同的境况：地方经济实力同中央调控能力呈现背离发展状态，放权政策提升了地方经济水平，但同时也弱化了对地方的掌控。中央政策执行的有效性下降，地方保护主义的出现，促使中央在

---

① 辛向阳：《大国诸侯——中国中央与地方关系之结》，中国社会出版社2008年版，第419页。

② 相关内容可参考何敏智：《城市机构改革的可贵实践——十六个中等城市机构改革试点工作综述》，载《中国经济贸易导刊》1987年第12期；陈亚杰：《二十世纪八十年代中国城市经济体制综合改革试点述论》，载《中央党史研究》2011年第9期；郭凯峰：《中国市制发展问题分析——以江苏省为例》，载《重庆市科技学院学报（社会科学版）》2007年第6期。

③ 这种“试验”式的谨慎心态，在相关文件中也有所体现。1983年12月国务院办公厅文件《关于对“较大的市”名单（草案）征求意见的通知》（〔83〕国办函字96号）说明中指出：“中央领导同志指示：地方组织法第 二十七条说的‘较大的市’，除省会以外，应当掌握严一点、少一点”，“先搞少一点，待取得经验以后，再定一个办法”。

1994 年启动了分税制改革，改革由原本向地方放权，转变为着力调整中央和地方关系。正是在这一背景之下，中央收紧了对市级立法权的开放尺度，自 1994 年开始，暂停了对较大的市的批准工作，虽然十几年来，不少城市一直为了升格为“较大的市”而努力，但市级立法权的大门就此暂时关闭了。经过多年发展，我国的经济水平同 20 世纪 90 年代相比有了翻天覆地的变化，随之而来的却是一轮更加深刻的经济转型。原本靠资源靠人力的劳动密集型产业已难以在当下国际环境中得到更进一步发展，国家经济亟待找寻到新的增长点。与此同时，国务院也开始放松对地方的行政束缚，为进一步刺激地方活力而采取了系列简政放权举措。除了经济转型压力之外，随着我国城镇化进程不断加快，教育、医疗、住房、民生等领域的各类矛盾纷纷出现，贫富差距增大、群体性事件多发，也使得各地政府原有的维稳思路难以取得良好效果，如何通过法治的方式解决社会矛盾，维护社会和谐稳定，成为地方治理的头等大事。

诚如学者所言，国家立法同地方立法之间可以被看作是一种“共治”与“自治”的关系。[①] 地方政府具有一种天然的治理优势：“对于某种公共物品来说——关于这种公共品的消费被定义为使遍及全部地域的所有人口的子集的，并且，关于该物品的每一个产出量的提供成本无论对中央政府还是地方政府来说都是相同的——那么，让地方政府将一个帕累托有效的产出量提供给它们各自的选民，则总是要比由中央政府向全体选民提供任何特定的并且一致的产出量有效得多。”也即，通常情况下，地方政府提供公共物品或服务的成本是要低于中

① 汤唯、毕可志等：《地方立法的民主化与科学化构想》，北京大学出版社 2002 年版，第 42 页。

央政府的。[①] 因此，如何在保持中央统一的宏观协调的前提下，让地方以适当的自主性来实现良好的地方治理，已经成为未来发展必须面对的现实难题。另一方面，现代社会“（正当性）统治已经日益转变为韦伯所言的法理型统治。政治系统的（正当性）或可接受性，就建立在其是否通过颁布法律并依照法律来办事这一基础之上。所以，一个看起来成立的结论是：至少在现代的公法论域中，政府行为的（正当性）或可接受性就是（合法性）”[②]。我们可以这么理解：地方政府在治理过程中，法律规则和法定程序成为政府行使权力的唯一根据。从这一角度而言，以立法的方式为地方政府治理提供支撑，是当下政府的首选考虑。但是，我国辽阔的疆域、复杂的各地发展情况又决定了，我们难以从国家层面上为不同地方的治理提供迅捷有效的立法支撑，因此，将立法权交由地方，以应对各地城市化进程中产生的立法需要，无疑成为当下的合理选择。毕竟地方政权机构承担了多种多样的自治任务，其中之一便是立法，[③] 可以预见未来我国地方立法的法的体系、法的形式及其他方面等自主性的特色亦会更加浓郁。[④]

综上，激发地方经济活力意味着须适当放松对地方的束缚，而以法治思维、法治方式因地制宜解决社会矛盾，则需要地方积极主动探寻法治良策，这些都需要地方拥有适当的立法权限，以便为地方经

① 依此逻辑，地方治理的主要目的在于由地方负担当地公共物品及服务的产出，该观点由奥茨在《财政联邦主义》一书中提出，转引自辛向阳：《大国诸侯——中国中央与地方关系之结》，中国社会出版社 2008 年版，第 419 页。

② 沈岿：《公法变迁与合法性》，法律出版社 2010 年版，第 14 页。

③ Gordon L. Clark, *A Theory of Local Autonomy*, Annals of the Association of American Geographers, Vol.74：2, p.195-208（1984）.

④ 周旺生：《立法论》，北京大学出版社 1994 年版，第 415 页。

济创新提供制度性支持，为地方社会发展提供法治依托。故而，党的十八届三中全会提出要逐步扩大拥有立法权的较大的市的数量，而《立法法》赋予所有设区的市立法权，是在央地立法事权划分的大背景之下，对我国经济形势、社会形势的必然回应。

三、府际关系演变逻辑

府际关系多作为公共治理的概念进行运用，随着治理环境、治理程度的不断变化，府际关系本身也会发生一定的演变。[①] 并且，府际关系作为一个学理概念，对它的理解也有狭义和广义之分。就狭义而言，府际关系一般局限于政府之间，就广义而言，府际关系也囊括了人大及其常委会这类议事机关。结合研究对象，本书在此处对府际关系的运用选取的是广义视角，也即，不将议事机关排除在外。前文曾对中央与地方的立法事权划分逻辑进行了简要论述，必须承认的是，府际关系的演变逻辑同其有着一定的同构性。这是由于，府际关系具备了纵向、横向两个维度，其中，纵向维度同央地立法事权划分之间具有一定的交叉重合。但是，两者毕竟还是存在区别，最为明显的就是，笔者前文在述及央地立法事权划分逻辑时，更多的是从中央—地方二元视角出发，也即，主要的分析对象是中央和地方之间的权力划分，但在府际关系当中，纵向维度更加多元化，除了中央与地方这类宏观视角之外，还存在着地方之内的分化。结合本书的分析对象，在此可对我国府际关系进行如下区分：第一，纵向上至少包括以下层级：中央—省—市—县；第二，横向上主要强调同级属性之间的关系，在

① Lester M. Salamon，*Partners in Public Servie*：*Government-Nonprofit Relations in the Modern Welfare State*，Johns Hopkins University Press，1995.

本书中主要指代当下各个城市之间的关系。[①] 事实上，无论选择采用何种划分方式，都无法改变我们理解府际关系的关键：垂直或水平关系中不同政府（广义）之间的利益分配与权力配置。[②]

纵向府际关系可被分解为中央与地方、地方内部两个层面，关于中央与地方的关系，前文已有论述，在此不做重复论证。以“市”为考察中心，能够发现地方内部的纵向府际关系主要集中体现在省—市—县的关系当中[③]。其中，当下纵向府际关系的新变化主要体现在：“职责同构”困境；强县扩权而对市管县体制的挑战。一方面，职责同构是我国纵向府际关系的主要表征，该问题在中央与地方层面上也同样存在，不过，就中央与地方层面而言，职责同构问题主要引发的是我国的条块矛盾，也即，如何才能在条块分割的体系下，求得中央调控与地方自主之间的平衡，这一问题其实也是前一部分中央与地方立法事权划分逻辑想要解答的问题。虽然以往对职责同构的讨论多集中于央地关系，但实际上在地方内部同样存在职责同构问题，也即，省级市级府际关系中，同样存在两级政府的经济、社会管理职能并行且交错的问题。换言之，可以将职责同构理解为，各级政府在部门、机构、职能、职责上具有高度的一致性，政府级别虽有不同，但管理的事项却大差不差。省市在纵向关系中的职责同构，容易产生管理不当情形，具体而言，省级政府不会将

---

① 需要说明的是，府际关系中涉及的主体必然不限于以上内容，此处是从分析角度考虑，结合地方立法权扩容，市级立法层级的相关需求，选取了分析中会涉及的几类主体进行列明，并且，本书的最终主题不在于府际关系，因此不对其相关理论进行整全梳理，特此说明。

② 谢庆奎：《中国政府的府际关系研究》，载《北京大学学报（哲学社会科学版）》2000 年第 1 期。

③ 由于本研究主要围绕“市”展开，结合前文论述可知，其实就是围绕地级市展开，因此，该部分仅对涉及了市的纵向关系进行分析，对于省县关系不做分析。

主要的精力投入到对辖区内某个具体城市的社会事务管理当中，它对于具体的城市事务并不具有天然的管理优势，尤其是在城市规划建设、城市特色事务等方面。并且，同样的社会事务，省级有权管理，市级也有权管理，到底要谁管理且负责就无法界定清楚，有利则争、有责就推成为趋利避害的首要选择，结果却是城市发展问题无法得到有效解决。但是，立法权扩容却能够对这一局面起到缓解作用。解决职责同构除了从根本上改变各级权力分配方式之外，相应的权力配置模式的调试也是必不可少的。虽然赋予市级立法权并不能从根源上解决府际关系中的条块矛盾，但此次《立法法》对市级立法事项的列举式规定，① 最起码可以初步缓和城市治理过程中出现的各类问题。让城市运用自身经验，针对自身问题、事务进行立法，并帮助其依照法治方式开展治理行为，是立法权扩容对当下地方内部职责同构的重要贡献。

另一方面，市管县体制的最初目的是依托发展相对较快的城市，带动周边县级单位的进一步发展，该体制萌芽于“市制”初创时期，② 虽于20世纪60年代因经济困难、国家政治状况等因素而全面收缩，但经历了20余年的发展，最终于20世纪80年代经试点③ 后正式成型。但是，伴随市管县体制蓬勃发展的是全国各地经济实力的普遍提升，部分经济发展较快地区出现了县域经济实力不断扩大，原有的市管县体制逐渐产生了一些问题。其中，最主要的表现是，原本寄托于城市的发展辐射的希望落空，毕竟经济较弱的市难以对强县进行正向带动，反

① 具体的规定及分析见第二章，在此不详细论述。

② 市领导县的体制最早可追溯至1926年，由当时的汉口市管辖汉阳县。具体可参见普善新：《中国行政区划概论》，知识出版社1995年版，第398页。

③ 参见1982年中共中央51号文件《关于改革地区体制，实行市管县的通知》。

而极易通过行政层级控制，同辖区内县级单位争夺资源，甚至出现“刮、卡、要”现象，即便不少省份在几年前就已经对强县进行了扩权改革，但这种做法并不能长久地解决市县关系所面对的挑战。毕竟，强县扩权改革并不打破市管县体制，其目的是希望在市管县体制的前提下，尽可能地给予县域经济更大的发展空间，但是，如果城市实力得不到进一步发展，在市县二者关系当中，一端独大的情形并不能促进良性博弈关系的生成。也即，强县扩权的确有助于为县争取到更多的经济社会自主管理权限，防止城市对县进行“刮、卡、要”等经济或行政强制，但同时我们也需要以制度的方式，促进城市自身经济实力、治理能力的提升。市级立法权的赋予，其实就肩负了这一任务：立法权扩展到市级单位，对于城市的治理状况而言无疑有着极大的改善价值，通过法治方式治理辖区内事务，不仅有助于市级制度环境、投资环境建设，也有助于促成市级管理行为有法可依，立法形式毕竟对于规则的内容和程序要求较高，获得立法权的同时也得到了未来依法行事的基本保障。因此，市级立法权对于改善当下市县关系，具有较大的意义。

横向维度聚焦于同级，即针对的是不同城市之间的关系，它们之间均可以进一步被划分为横向的合作关系以及竞争关系。改革开放以来，我国统一市场形成，使得各个城市成为一体化大市场中不可被分割的一分子，并且，不同城市之间的资源互补特性，也进一步助推了城市之间的合作。概言之，城市之间的区域合作是城市化向高层面发展的必由之路。[①] 另一方面，有合作就会有竞争，在城市自身利益日益得到重视的背景下，城市不仅需要通过扩张谋求发展，也需要尽可能地争取到上级的政策倾斜，从这一角度而言，城市之间的竞争不可避免。

---

① 陈安国:《城市区域合作》，商务印书馆 2010 年版，第 85—87 页。

不过，无论是合作还是竞争，对于各个城市而言，都是希望在改革浪潮的互相博弈中，对有限资源进行深入整合，以便于城市自身利益的实现。另外，当下对有限资源的理解已经不再局限于传统的资金和人才角度，城市发展依旧需要制度性规范保障，而市级立法权则是城市生成自身制度规范的进路性资源。① 也即，在以合作—竞争为基本模式的未来横向府际关系中，市级立法权承担了较大的制度规范生成任务，并且相应的制度规范又是城市自身发展以及互相合作的必备基础。

第三节　主体扩容理论阐释

一、主旨：立法与国家治理现代化

（一）以立法引领改革，带动国家治理转型

党的十八届三中全会通过的《中共中央关于全面深化改革若干重大问题的决定》，将“国家治理体系和治理能力现代化”正式确立为我国未来全面深化改革的重要导向。② 未来我国需要进行经济体制、政治体制、社会体制、文化体制、生态文明体制五方面的深化改革，

① 参见周旺生：《重新研究法的渊源》，载《比较法研究》2005 年第 4 期；周旺生：《法的渊源与法的形式界分》，载《法制与社会发展》2005 年第 4 期。

② 《中共中央关于全面深化改革若干重大问题的决定》明确提出，“全面深化改革的总目标是完善和发展中国特色社会主义制度，推进国家治理体系和治理能力现代化”。习近平总书记也曾在讲话中强调，推进国家治理体系和治理能力现代化，必须完整理解和把握全面深化改革的总目标，这是两句话组成的一个整体，即完善和发展中国特色社会主义制度、推进国家治理体系和治理能力现代化。我们的方向就是中国特色社会主义道路。相关可参见《完善和发展中国特色社会主义制度推进国家治理体系和治理能力现代化》，载《人民日报》2014 年 2 月 18 日，第 1 版。

而系列改革的目的则是完善发展中国特色社会主义制度，实现国家在治理方面的成功转型。作为一个全新概念，国家治理现代化由治理体系现代化和治理能力现代化两方面构成，是对传统的国家统治、管理理念及思路的扬弃。① 国家治理概念的特殊性在于，它以强调公共利益与公共秩序为基础，要求实现治理过程中多元行动者与治理机制的联动，并以法治、科学、民主、文明为其价值追求，这其中又尤以法治为重。习近平总书记曾明确提出，建设法治中国更要善于“运用法治思维和法治方式领导政法工作”，着重强调了法治思维和法治方式在推进国家治理现代化过程中的重要作用。② 这表明，我国在实现国家治理现代化目标的同时，极为强调现代化同法治之间的强烈关联性：法治是判断国家治理现代化目标是否实现的关键指标，更是实现国家治理现代化的必备条件。可以说，实现国家治理现代化就是要求推进依法治国，要求达到“国家治理法治化”状态，无法治则无所谓“现代化”③。依此逻辑，党的十八届四中全会提出要“全面推进依法治国”，并以法治方式促进国家治理体系和治理能力现代化。但是，同国家治理现代化目标相比，我国在法治建设方面还存在一些不足，因此，如何深入推进我国法治建设，就成为当下改革的首要问题。

法治具有复杂意涵，依法治国“新十六字方针”也涉及立法、执法、司法、守法四个方面，体现了法治建设任重道远。虽然作为一种治理体系的法治具有多重表征，但立法无疑是其中尤为关键的一环，

---

① 何增科：《怎么理解国家治理及其现代化》，载《马克思主义与现实》2014 年第 1 期。

② 习近平：《促进社会公平正义，保障人民安居乐业》，载人民网，http://cpc.people.com.cn/xuexi/n/2015/0720/c397563-27331673.html，2020 年 3 月 1 日访问。

③ 莫纪宏：《国家治理体系和治理能力现代化与法治化》，载《法学杂志》2014 年第 4 期。

立法不仅关系到权力、利益分配这些根本性问题，更是影响执法、司法、守法成效的先决条件。因此，从某种程度上而言，法治其实就是通过立法方式，对相关权力利益进行分配，并在此基础上形成、确认具体的治理制度，法律由此成为政府、组织、民众的基本行为依据。概言之，立法对于实现国家治理现代化而言，可谓是意义深远。并且，深化改革同依法治国之间具有深刻的内在关联性，改革与法治犹如鸟之双翼，立法对于改革有着重要的引领和推动作用，强调立法，目的在于确保改革于法有据。[①]无规矩不成方圆，完善我国立法体制，强调立法先行，是要为我国法治建设提供最为基本的前提性规范依据，与此同时，立法对于国家治理现代化而言，更是具备了重要的引领、推进作用。因此，整体而言，立法主体扩容作为完善我国立法体制的重要一环，是我国当下强调国家治理现代化的必然要求，从另一角度而言，国家治理现代化相关理论同样能够为立法主体扩容提供理论支持。

（二）国家治理现代化需要合理配置立法权

国家治理现代化注重“多元主体的多方共治”[②]，并且在治理过程中，各类组织均因具有不同的基本角色架构与操作运行模式，而势必会产生不同的角色需求。[③]那么，如何合理确定各类治理主体以及治理行为人的基本定位与具体运行？如何妥善安排各类角色之间的相互

---

① 习近平：《在庆祝全国人民代表大会成立六十周年大会上的讲话》，人民出版社 2014 年版，第 9—10 页。

② 应松年：《加快法治建设促进国家治理体系和治理能力现代化》，载《中国法学》2014 年第 6 期。

③ David Levi-Faur, *From Big Government to Big Governance?*, in David Levi-Faur ed., The Oxford Handbook of Governance, Oxford University Press, 2012.

关系？依照前文分析，治理现代化同法治之间具有同构关系，以法治方式实现对多主体的体系化、制度化安排就成为当下应然选择。这是因为，作为法治重要环节的立法具有分配和规范双重作用：一方面，治理所必需的各类权力、资源、利益等，都将通过立法方式得到妥善安排；另一方面，在多元主体协同参与的局面下，各个主体之间的权责分配问题，更需要以立法方式给予规范。因此，立法对于国家治理现代化而言具有前提性意义，立法权的配置问题就成为一项基础性工程，可以说，对立法权的配置是否科学、合理，将会影响后续治理实效的发挥状况。我国对立法权的配置主要体现在《立法法》之中，立法主体扩容不仅是对我国立法体制的一次革新，更是对我国立法权进行重新配置的过程。在传统全能全控集中化的国家管理方式下，改革所必需的经济活力与创新动力难以得到有效激发，因此，现代化治理要求的良性互动治理模式，极为看重各个治理参与主体的自主空间与自身活力问题。可以说，合理配置事权是存在多元治理主体的必然要求[①]，相应地，资源的分配与再分配，以及配置结果的制度化规范化，都需要立法对其进行保障。因此，此次立法权配置的调整，本身就是国家治理现代化的要求。

另一方面，立法主体扩容不仅能够带来立法权配置这一制度变动，也能带来治理观念，尤其是地方（城市）治理思维与方式的转变。提升治理能力除了需要为其配置必需的权力、资源之外，更需要治理参与主体自身理念的转变。实现治理能力的现代化其实就是要求实现治理的法治化，也即，要依托法治思维、法治方式进行治理，将治理各个环节均纳入法律规制、法律保障的范围之内。治理体系的现代化

① 何增科：《怎么理解国家治理及其现代化》，载《马克思主义与现实》2014 年第 1 期。

需要合理配置各主体之间的权力，但是治理体系的运行与各主体的行为均需要“依法”而为。地级市作为我国重要的行政区划，在缺乏相应立法权的情况下，只能通过传统的管理手段去实现对辖区内社会公共事务的安排。城市的运行长久依托于行政手段，不仅同现代治理的法治要求不符，也难以在民众群体中取得信任与认同，因此，赋予其立法权，也是逐步实现地方（城市）以法治思维、法治方式实现治理的有益助力。并且，国家治理现代化的目的在于，实现对社会事务的有序治理，引导社会持续良性发展。① 地方（城市）作为治理的主要阵地，一方面直面更多的城市病与社会问题，另一方面也蕴含更多治理创新的可能。我们需要“在法治下推进改革，在改革中完善法治”②，结合具体的城市发展而言，就是要以立法权推进并保障地方（城市）创新，同时又以城市治理创新去完善相关法律法规，如此才是强调法治思维、法治方式的深意所在。

综上，立法主体扩容是国家治理现代化的题中之义，但必须承认，改革从来都不可能一蹴而就，以立法方式带动国家治理转型也不会一经设计便自发成形。正如学者提出，越是重大的全局性改革就越是复杂难辨，通盘性的理性顶层设计虽然往往具备了较优的理论基础，但理性的局限与社会的发展必然会暴露出整体性设计的弊端，因此，改革的过程更像是“泥泞前行（Muddling Through)”，也即，它更需要以解决问题为导向，整体上体现为通过不断尝试、试错、学习的动态

---

① 中央党校中国特色社会主义理论体系研究中心：《如何认识推进国家治理体系和治理能力现代化——三谈深入学习贯彻十八届三中全会精神》，载《光明日报》2013 年 11 月 28 日。

② 中共中央文献研究室编：《习近平关于全面依法治国论述摘编》，中央文献出版社 2015 年版，第 52 页。

过程，最终逐步走向成功。[①] 从国家治理现代化这一主题出发，我们能够为立法主体扩容找寻到较为适当的方法进路——试验治理理论，并认为作为一种方法的试验治理，对我国法治实践下的立法主体扩容具有较强的适用性与解释力。

二、方法：主体扩容与试验治理

试验治理（Experimental Governance）也可以称作试验（实验）主义治理或者治理的试验（实验）主义视角。[②] 对于这一新兴理论，目前理论界还未形成统一的规范性定义，该理论范式在不同领域内的适用情况不同，相应的阐释视角及结果也多有差异，不过，统一的观点在于，该理论主要形成于欧盟的治理实践。[③]20 世纪末期，欧盟诸多成员国愈发强调本国在联盟中的权力问题，成员国同欧盟中央在经济、政治方面产生决策冲突的情况愈加频繁，导致欧盟中央的决策机制、程序、能力遭受质疑，从而在整体上影响了欧盟中央决策权。在此背景之下，试验主义就成为了理顺欧盟中央同成员国之间关系的理论架构。[④] 试验主义强调决策的实用性、有效性，在治理体系中赋予了中央与一线不同的任务角色，概言之，一线（基层）的职能在于利

---

① Charles E. Lindblom, *The Science of Muddling Through*, Public Administration Review, Vol.19：2, p.79-88（1959）.

② 萨贝尔（Charles F. Sabel）等人比较早地使用了“试验治理”一词，并且从法学和政治学的视角就美欧试验治理实践以及相关理论问题进行了系统的综述，但受其学科的局限，并没有就试验治理的基本理论问题以及背后的经济学渊源进行阐述。

③ 钱弘道、杜维超：《论实验主义法治——中国法治实践学派的一种方法论进路》，载《浙江大学学报（人文社会科学版）》2015 年第 6 期。

④ Erika Szyszczak, *Experimental Governance：The Open Method of Coordination*, European Law Journal, Vol. 12：4, p.486-502（2006）.

用充分的自主权去实现中央制定的治理目标，而中央则主要负责掌控进度、监督成效，在吸纳基层治理经验的基础上，以比较的方式提炼出有益的治理信息，再帮助基层进行相关改进，从而共同实现最初的治理目标。① 这一过程具有动态性、持续性的特点，其精髓在于探索不同的目标实现方式并对其进行优劣比较，在收获信息的同时，强调根据基层治理状况及时修正阶段性目标，以调整探索进度与方式，有学者将其称为一种“递归”过程。②

依照学者总结，试验治理强调“开放式协调方法”，该方法最大特点即在于强调成员国的自主性，激发成员国的自治能力，其核心则是“标准化、强调辅助性原则、促进多层参与”③。对其具体运用可以追溯至2000年的里斯本条约，④ 该方法的具体运用过程集中体现了试验治理理论的“递归”性，强调分步骤、分角色的持续性运作，一般而言，该方法主要进行以下几个关键步骤，也可将它们理解为该方法的“基本要素”：为欧洲联盟及各成员国确定指导原则，同时，制定实现某些具体目标的短期、中期和长期的时间表；在适当的条件下，根据国际上的最佳实践以及各个成员国和不同部门的具体情况，设定一些定量和定性的指标，以此方式进行比较，选择最优的经验；在考虑成员国和地区之间差异的前提下，把欧盟的指

---

① Charles F. Sabel and William H. Simon, *Minimalism and Experimentalism in the Administrative State*, Columbia Law School Public Law & Legal Theory Working Paper Group, No. 3, p.10-238 (2011).

② Charles F. Sabel and Jonathan Zeitlin, *Experimentalist Governance*, in David Levi-Faur ed., The Oxford Handbook of Governance, Oxford University Press, p.169-183 (2012).

③ 张浚：《福利困境、“去民主化”和欧洲一体化：欧洲政治转型的路径》，载《欧洲研究》2014年第1期。

④ 张浚：《“开放式协调方法”和欧盟推进全球治理的方式》，载《欧洲研究》2010年第2期。

导原则转化成国家或地区政策，确定具体的目标以及执行措施；以互相学习的方式进行定期的监督、评估和同侪评议。[①]总结而言，“开放式协调方法”的最大特点即在于强调成员国的自主性，激发成员国的自治能力，其核心则是“标准化、强调辅助性原则、促进多层参与”[②]。

试验治理以“开放式协调方法”为代表，它在结构上具有以下特点：第一，必须有一个广义框架目标和确保其实现的指标，目标和指标的设计必须同时考虑普遍因素和本地因素，必须经利益相关者的广泛参与和讨论。第二，除中央外的各个具体单位享有自主权，可以在广泛裁量的基础上，选择合适的途径以实现前述目标。第三，作为这种自治的条件，地方单位必须定期报告治理实践，并参加一个同行评审，在评审中对不同模式进行比较。第四，在评审的过程中，评委会指出当地实践的不足，并要求当地有关当事人根据同行经验和评委意见进行适当的纠错。如此反复，形成良性循环。[③]经总结发现，试验主义治理在欧盟取得认同的关键因素在于：其一，它充分强调了成员国的自主性，保障了成员国的自由选择余地；其二，它在政策制定过程中调动了利益相关者的广泛参与性；其三，在自主选择、广泛参与基础上制定出的政策，执行过程中遇到的阻力较小，从而保证了相关政策的实施效果；其四，虽然在确保欧盟开展一致和有效的行动方面，

---

① European Council, Lisbon European Council 23 and 24 March 2000, Presidency Conclusions, https://www.europarl.europa.eu/summits/lis1_en.htm.

② 张浚：《福利困境、“去民主化”和欧洲一体化：欧洲政治转型的路径》，载《欧洲研究》2014年第1期。

③ 周业安：《实验治理——一种新的治理范式》，载《社会治理》2016年第3期。

该方法的确比不上“共同体方法”[①]，但试验主义治理的确有助于减少欧盟以中央政策的方式对各个成员国施加干预，取而代之的是以协商方式形成的共识性目标，再辅之以中央监督与合作学习，最终以一种自愿的方式来实现欧盟的初始目标。[②]

在脱离欧盟实践场域的前提下，试验主义治理的优势可以被一般性地概括为以下三个方面：第一，适应力强，相较于传统的“一刀切”方式，在面对形式各样的复杂个体对象时，它能够在最大限度挖掘地方多样性的基础上，最大化地实现整体性目标；第二，协同学习优势，它并非仅强调个体的自主性，而是以实现宏观整体性目标为前提，在承认地方多路径的基础上，提倡个体之间的地方性经验的互相学习；第三，修正能力突出，该模式注重目标及方法的阶段性，对于个体治理试验中暴露出的阶段性问题，往往会进行阶段性修正。[③] 那么，这种理论在我国是否具有适用性？答案是肯定的。毕竟试验主义理论无论是在其他国家（如美国、澳大利亚）还是在国际组织（如 WTO）都得到了广泛适用，因此，欧盟对试验治理主义的践行与其说是“离群值”，毋宁说是“先驱者”。[④] 也即，作为一种方法的试验治理并非某国或某

---

① “共同体方法”以超国家性为特点，是欧盟治理的基本模式。详细可参见［比］尤利·德沃斯特、门镜：《欧洲一体化进程——欧盟的决策与对外关系》，门镜译，中国人民大学出版社 2007 年版，第 2—3 页。

② 张浚：《福利困境、“去民主化”和欧洲一体化：欧洲政治转型的路径》，载《欧洲研究》2014 年第 1 期。

③ Jonathan Zeitlan and Charles F.Sabel, *Experimentalism in Transnational Governance: Emergent Pathways and Diffusion Mechanisms*, presented at the panel on “Global Governance in Transition”, annual conference of the International Studies Association, Montreal, March 16-19, 2011.

④ Charles F. Sabel and Jonathan Zeitlin, *Learning from Difference: The New Architecture of Experimentalist Governance in the EU*, European Law Journal, Vol.14: 3, p.271-327 (2008).

组织的专利，它具有一定的普适性。加之我国的一些革新性举措往往具有中央和地方双重动力来源，[①] 面对试验治理这一强调实践效果重于理论预设的新方法，从中央与地方双重视角分析其可适用性，似乎更为可行。

我国市级立法主体扩容标志着市级立法层级的形成，这一过程同时也是国家对立法权配置模式的革新，这种尝试同试验治理理论的契合性主要体现在如下两方面：

第一，从地方角度而言，普遍存在的差异性及日渐增强的自主性，为适用试验治理理论提供了基础。试验治理脱离了传统的“参与人同质性”和“理性经济人”假设，转而强调参与人的“个体异质性”以及“有限理性”。所谓“个体异质性”，是指社会治理中存在诸多参与人，它们之间并非仅在外部特征上存在浅层次差别，更会因表面差异而诱发参与人产生不同的行动逻辑，形成不同类型的地方特色。[②] 也即，试验治理对地域广阔、差异巨大的我国国情而言，具有较强的解释力：不同的地方性特色决定了“一刀切”式的治理方式难以取得最佳效果，将立法权下放至市级层面，是对法律这种“地方性知识”[③] 的最大化尊重。所谓“有限理性”，是指在社会治理场域下，每类参与角色不论能力或权力大小如何，都不可能实现对社会的全知型认知，认识的有限性与客观现实披露的有限性共同造就了参与角色的局限性。同时参与人也具有一定的社会性，它不仅会产生自利这类个体性

① K. Parris, *Local Inititative and National Reform: The Wenzhou Model of Development*, The China Quarterly, No. 134, pp. 242-263 (1993).

② 周业安：《实验治理——一种新的治理范式》，载《社会治理》2016 年第 3 期。

③ [美] 克利福德·吉尔兹：《地方性知识：事实与法律的比较透视》，邓正来译，载梁治平编：《法律的文化解释》(增订本)，生活·读书·新知三联书店 1998 年版，第 126 页。

偏好，也会产生利他、互惠、公平等社会性偏好。[①]而城市本身也是自利和利他属性的综合：一方面，“发展型地方主义”（developmental localism）[②]的兴起极大地扩张了地方权力，激发了地方对自身利益的格外重视，城市作为我国地方的有机构成部分，在追求自身发展的自利性属性方面并不例外。另一方面，（城）市本质上是权力在区域性空间内的集聚，这种集聚不仅能够帮助（城）市高度集中大量资本与有益技术，实现自我快速发展，更能以强大的辐射作用带动邻近地区经济，也即，（城）市能够以“发展极”（development poles）方式带动相邻地区的发展，客观上具有利他的社会属性。[③]综上，赋予设区的市立法权符合试验治理的基本假设。

第二，从中央角度而言，王绍光曾指明“中国政治体制的活力在于其不相信由来已久的‘放之四海而皆准’的实用主义原则”[④]。一直存在的“中央主导政策试验”[⑤]证明了，我国在治理方面一直秉承的就是试错立场，这与试验治理的精神内核有着共通之处。结合立法权配置改革而言，法治建设的具体主体具有相当的广泛性，也即，国家并不是法治建设与发展的唯一主体，法治建设的重要动力来源极有可

---

① 周业安：《实验治理——一种新的治理范式》，载《社会治理》2016 年第 3 期。

② 相关论述可参见：Zheng Yong-Nian，*Quasi-Corporatism*，Developmental Localism and Behavioral Localism，Princeton University Press，1994，p.114。

③ 相关理论可参见：Perroux F.，*A Note on the Concept of Growth Poles*，in D.L. McKee，R.D. Dean& W.H. Leahy eds.，Regional Economics：Theory and Practice. The Free Press，1970；[法] 弗朗索瓦 · 佩鲁：《增长极概念》，刘茂松译，载《产业经济专题研究》，中国财政经济出版社 2002 年版，第 385—387 页。

④ 王绍光：《学习机制与适应能力：中国农村合作医疗体制变迁的启示》，载《中国社会科学》2008 年第 6 期。

⑤ [德] 韩博天（Sebastian Heilmann）：《中国异乎常规的政策制定过程：不确定情况下反复试验》，载《开放时代》2009 年第 7 期。

能蕴藏于地方之中。[①]市级立法层级的形成意味着国家对地方经验的重视，其作为目前的基层立法层级，主要功能一方面是推进城市治理现代化进程，另一方面则是通过及时总结多地法治建设中的各类有益经验，并将其迅速上升为地方立法，最大限度地激活地方活力，弥补唯理主义建构观带来的法治内涵的缺陷，通过地方法治试验，助推国家法治建设。诚如学者总结所言："地方政策创新是中国改革的重要基础和机遇，但是地方政策试验在中国并不等于放任自流反复试验，或者随心所欲扩大政策范围。确切地说，它是意图明确的行为，是为正式出台普遍适用的政策，甚至是为国家立法提出可供选择的新政策。在分级制度之下最大限度地进行政策试验——这恰恰体现了地方积极性和中央决策之间的辩证作用，这让中国从1978年到2008年的经济治理在具有适应能力的同时又富有创新性。"[②]

三、意义：信息优势与制度竞争

试验治理相关理论早已指出，传统治理模式下作出的决策之所以容易出现系统性失灵，主要是源自两方面因素：(1) 高层对基层真实信息的掌握无能；(2) 社会情况的多变性及不确定性。[③]在法治上，尤其是立法领域内，前述两类因素产生的负面影响更加突出。一方面，我国的辽阔疆域、绵长历史、丰沛文化、多样地方造成了

---

① 周尚君：《国家建设视角下的地方法治试验》，载《法商研究》2013年第1期。

② [德]韩博天（Sebastian Heilmann）：《中国异乎常规的政策制定过程：不确定情况下反复试验》，载《开放时代》2009年第7期。

③ 钱弘道、杜维超：《论实验主义法治——中国法治实践学派的一种方法论进路》，载《浙江大学学报（人文社会科学版）》2015年第6期。

复杂的国情现实，相应地，治理社会的法律也自然需要因地制宜，[①]但中央同地方，尤其是同具体城市之间的多重层级距离，决定了单凭自上而下路线或中央一个积极性，难以成功制定出我们所希冀的多元化、多样化法律。另一方面，我国正处于日新月异的高速发展时期，本就复杂的地方性知识，催生了地方情况在更大程度上的多变及不确定性。中国不仅仅是一个空间，更是一个“过程”[②]，中国的法治建设也是摸索和试验的过程，我们很难仅靠少数者的理性决策就能找到各地适宜的立法范本，鼓励地方自主性试验以及由此引导地方开展制度竞争，才是开放立法权的应有之义。也即，从试验治理角度而言，立法权在地方的重新配置，意在发掘市级立法层级的基层立法信息的获得优势，助推未来地方法治竞争，为地方可持续发展争取制度红利。

（一）发挥立法信息优势

任何理性决策的作出都需要建立在拥有大量信息的基础之上，[③]立法这类公共决策对信息的依赖程度更加显著。立法对信息的高度依赖

① 喻中：《乡土中国的司法图景》，中国法制出版社 2007 年版，“引言”第 1 页。

② “China as Process”是人类学家肖凤霞的观点，程美宝对其的阐释为：“中国作为一个具有‘涵义’的单位，不只是一个地理空间或政治实体，也是一个累积了人们的生活与思维所经历的变迁的载体。中国，不仅仅是一个空间，更是一个过程（China as Process，页 viii-xiv），需要用历史眼光去观照。”具体参见 Helen F. Siu, *Tracing China: A Forty-Year Ethnographic Journey*, Hong Kong University Press，p viii-xiv，以及程美宝：《当人类学家走进历史——读 Helen F. Siu, Tracing China: A Forty-Year Ethnographic Journey》，载《二十一世纪》2016 年 12 月号（总第 158 期）。

③［美］詹姆斯·马奇：《决策是如何产生的》，王元歌、章爱民译，机械工业出版社 2007 年版，第 174—187 页。

性主要体现在它所需要的信息数量十分庞大，通常看似简洁的法律草案背后往往蕴含了海量信息，尤其是对于专业性较强的立法项目，法律知识和技能仅仅是基础，法案涉及的特定领域专业知识、现行的有关规定与政策、既往的类似经验教训，等等，都是法规起草者必须掌握的知识，[①]立法所要吸纳的信息庞杂程度可见一斑。从反面而言，如果立法者并未在前期做好全面的信息收集工作，相关的社会情况分析、立法成本效益分析等保障立法科学性的工作就无法得以展开，在未收集到多元化信息的情况下，草草出台的法律法规极易出现流于形式、无法适用等尴尬情况，严重的甚至还可能带来一系列负面适用效果，最终引起社会民众的不满。因此，在立法过程中，各类信息的可靠性、有效性与充分程度成为制约立法的重要因素，可以说立法决策、成果和实效较大程度上都建立在前期信息翔实有效的基础之上。

立法信息可以被区分为“规则信息”[②]和“事实信息”[③]，其中事实信息的收集难度更大，毕竟规则信息的获取渠道明确，社会信息的纷繁复杂性则会对公民的行为选择产生更大的影响。[④]并且，规则的实效性不但受制于其本身约束力的强弱，更会因其生效的具体社会环境的变化不同而产生波动。[⑤]中国的实际情况是立法的根据，[⑥]但我国辽阔

① 杨景宇：《法治实践的理性探求》，中国法制出版社 2002 年版，第 333—334、384 页。

② 规则信息一般可以从国内现有法律、政策、制度、习惯等理论与实践；国外相关立法成果、理论、判例中习得。

③ 社会是规则发挥效用的基本场域，事实信息即是指社会基本情况信息，囊括了自然、人文、政治、经济等各个方面。

④ 黄文艺：《信息不充分条件下的立法策略——从信息约束角度对全国人大常委会立法政策的解读》，载《中国法学》2009 年第 3 期。

⑤ Robert B. Seidman，*The State*，*Law*，*and Development*，St. Martin’s Press，1978，p.36.

⑥ 人民出版社编：《彭真文选（一九四一——一九九〇年）》，人民出版社 1991 年版，第 421 页。

的地域范围、差异化的地区状况，使得立法在掌握分散多样化信息时，必须付出较高的成本。彭真曾直言，“有的法一时还定不出来，不是工作不积极，而是因为经验不成熟，或意见还没有系统地集中起来”[①]。“意见没能系统集中”，其实就是指立法所需信息未能得到充分有效的收集整理，或是未能得到及时有效的传递反馈。换言之，信息一直广泛存在于社会现实当中，出问题的环节多存在于发现、整理、传递信息的过程。而在这一关键性过程中，市级立法就具备了天然优势。

第一，市级立法所需的信息数量、收集成本，相对中央立法、省级立法而言较少。从信息依赖性上说，一部法律法规的调整范围越广，可能需要的条文数量就越多，相应的立法所需要的经验、资料、知识[②]和信息就越多。这意味着，调整范围广、条文数量多的全国性法律比调整范围窄、针对性强的地方性法规所需的立法信息量多，在地方立法领域内，市级立法的调整领域比省级立法要小得多，它所需要获取的事实信息也相对少得多。最直接的体现就是，在前期社会调研、成本分析、民意收集、专业研讨等多个环节当中，市级立法项目在每一环节可能涉及的人员、信息数量，以及操作成本、操作难度都相对较小。例如，同样是就城市规划建设事项进行立法，广东省就需要对下辖的 21 个地级市、122 个县级行政区[③]进行系统性信息收集，其复杂性可见一斑，广东省惠州市则仅需对下辖的 2 个市辖区、3 个县进行信息收集即可，市级立法需要收集的信息数量及操作成本、难度均较小。

---

① 人民出版社编:《彭真文选（一九四一——一九九〇年）》，人民出版社 1991 年版，第 496 页。

② 信息经济学认为信息同知识本质上是一致的。

③ 数据来源于中华人民共和国民政部编:《中华人民共和国行政区划简册（2019）》，中国地图出版社 2019 年版，第 5 页。

第二，在层级结构中，市级立法同事实信息的地缘距离最近，使得信息收集的可能性、信息传递的效率①均较高。立法是一项通过集中、整合众意形成制度安排的决策活动，“创法的源泉是劳动人民”，“所谓法源，就是从群众中来，政府不过是反映一下而已，加以集中起来，坚持下去”②，市级立法层级作为目前立法体系的基层，它直面各类具体社会现实与人民群众，对于民众的偏好更加敏感。③对于原本处于分散状态的局部性知识而言，市级立法的可驾驭性可能更大。并且立法信息也需要传递给决策者，但是在传递过程中如果层级或环节过多，由基层社会得到的信息就可能会出现失真的情况。④例如，从决策结构上看，不同层面所处决策环境不同，就极易在价值判断以及决策效用方面出现偏差，这种偏差便会增加信息在传递过程中因人为因素而出现失真的风险。⑤

第三，市级立法成果本身也能够为省级或中央的立法提供反馈信息。也即，市级立法层级的形成意味着我国立法信息传递渠道的增设。“对新的重大问题、重要改革，要制定法律，必须先有群众性的探索、试验，即社会实践检验的阶段。在这个基础上，经过对各种典型、各

---

① 信息传播效率是指信息从信源传播至信宿的保真度。如甲通过某一信道传递十个单词给乙，乙正确接收了九个单词，此信道的信息传播效率为 90%，传播错失率为 10%。

② 黎国智主编：《马克思主义法学论著选读》，中国政法大学出版社 1993 年版，第 244 页。

③ Breton Albert，*Competitive Governments*：*An Economic Theory of Politics and Public Finance*，Cambridge University Press，1996，p.185.

④ 王英：《组织结构与信息传递效率》，载《系统工程理论与实践》2000 年第 11 期。

⑤ 其实，依照管理学理论，解决信息失真的方法有两种，一是个人方法，即要求高层事事亲力亲为，二是组织方法，即优化组织结构，对于组织而言，组织方法才是解决问题的根本之道，市级立法层级的形成其实就是一种立法权结构优化，这再次体现了市级立法的信息优势。

种经验的比较研究，全面权衡利弊，才能制定法律。”[①] 地方立法权主体扩容秉持的是试验治理立场，同样地，一旦市级立法在实践领域内形成了相应的立法成果，就能够为省级、中央的立法提供优质反馈信息，这些信息同以往的前置性立法调研不同，它提供的是法规在局部地区实施后的真实反映，而非传统的预测性研究，是社会各类利益群体对法规意见的全面汇聚，而非抽样调查得出的统计性结论。

（二）助推地方法治竞争

在以往代代如是的社会里，人们依靠先辈们的经验足以应付各类生活问题，[②] 但目前我国正处于急剧变革的转型时期，日新月异的社会发展进程带来了更多的不确定性和多变性，如果我们不能找寻到理性的方法去应对经济、政治、文化多方位的“未来冲击”（future shock），无论是民众还是政府都会感到越来越难以合理地应对周身事物。[③] 依照制度主义观点，这种“理性的方法”就是建立起完善的制度并保证制度良性运行。“制度辩证法”[④] 告诉我们，一方面，制度助推了人类社会发展，[⑤] 是可预期制度的存在抑制了社会中的机会主义行为，帮助不同群体凝聚共识，保证了社会秩序的形成与运转；另一方面，发展又在持续地激发人们对新制度的需求。这也是制度变迁不能仅仅依靠国家理性设计与强制外部压力的缘由所在，[⑥] 答案很简单，

---

① 人民出版社编：《彭真文选（一九四一——一九九〇年）》，人民出版社 1991 年版，第 507 页。

② 费孝通：《乡土中国 生育制度》，北京大学出版社 1998 年版，第 51 页。

③ [美] 阿尔文·托夫勒：《未来的冲击》，孟广均等译，新华出版社 1996 年版，第 5—7 页。

④ [法] 夏旺斯：《制度经济学》，朱乃肖等译，暨南大学出版社 2013 年版，第 21 页。

⑤ Alchian，A. and H.Demsetz，*The Property Rights Paradigm*，Journal of Economic History，Vol.33：1，p.16-27（1973）.

⑥ 卢现祥：《西方新制度经济学》，中国发展出版社 1996 年版，第 113—115 页。

是社会的发展催生了新的制度需求。那么，新的制度如何产生？即如何实现制度变迁？依照诺斯的“制度变迁模式纲要”①，推动制度变迁的力量是内生的，国家的强制性制度变迁很可能无法提供有效的制度供给。②也即，在改革步伐已经逐步打破原本制度平衡的情况下，地方需要从自身内部发掘催生自身发展的能量。

地方可供挖掘的能量有哪些？换言之，地方内部有哪些能够助推地方发展以及制度变迁的重要因素？依照传统竞争模式，经济指标之间的角力是地方竞争的主流，经济建设也一直是引领地方发展的重要引擎。③但是，改革的持续深化推进使得原始竞争模式的可收效性变差，各地希望继续通过出让土地、牺牲环境利益、经济补贴等手段，取得新一轮的地方竞争优势已是难上加难。未来单纯依靠地方投入人力物力，消耗物质资源，以降价、经济优惠等初级激励已经无法再获得更大的边际收益效应了。因此，地方亟需转变发展模式，从经济竞争走向法治竞争。毕竟当下地方的竞争归根到底还是制度竞争，更进一步而言，是城市之间在法律制度环境上的角逐，通常而言，城市法治状况的良莠同当地的政府能力、服务意识、办事水平以及程序上的可预期性存在正相关，而这些因素又共同影响了投资回报率的高低。④随着各地法治试验的渐次开展，地方愈加意识到法治因素对于区域竞争力的重要价值，“法治湖南”“法治浙江”等称谓也似乎表明了，法治正在获得自我价值实现的基础上，逐渐得以自我目的化，近年“法

---

① [美] 道格拉斯·C. 诺斯：《制度、制度变迁与经济绩效》，杭行译，上海人民出版社 2004 年版，第 116—119 页。

② 卢现祥：《西方新制度经济学》，中国发展出版社 1996 年版，第 113—115 页。

③ 周黎安：《中国地方官员的晋升锦标赛模式研究》，载《经济研究》2007 年第 7 期。

④ 周强：《加强行政程序建设、转变政府职能、推动科学发展》，载《行政管理改革》2009 年第 1 期。

治 GDP 的表述”就是绝佳佐证。[①] 加之党的十八届四中全会后，法治建设成效成为衡量各级领导班子和领导干部工作实绩的重要内容，中央对地方的政绩考核重点已经从经济效益逐渐转向法治成效。

法治竞争无疑能够引领地方发展，但它是如何进一步推动制度变迁的？依照新制度经济学的阐释，不同的制度会导致产生不同的配置资源成本，在统一市场环境下，市场内各类资源在各个区域内是自由流动的，哪里的成本越低，就越能吸引资源朝哪里聚集。资源的聚集帮助该区域形成了一定的资源优势，资源优势的形成对于区域而言，又形成了一种正向激励：审视自身制度成本的高低。无论城市是选择改良制度环境以压低制度成本的方法，还是采纳完善现有制度以延续低成本优势的思路，都会在各个城市、各个制度模式之间产生一种互相对比竞争的状态，客观上则产生了资源配置愈加优化的效果。[②] 结合市级立法来看，不同城市之间各异的城市特色以及发展优势将会塑造出不一样的区位优势，例如港口类城市的交通运输以及渔业发展潜质，风景优美气候宜人城市的旅游观光发展潜质等，拥有不同的区位优势代表着每个城市都会找到自身可供发掘的经济与社会效益的增长点。一旦立法者尝试以区位优势带动地区发展，潜在的经济社会效益增长点就形成了一种正向激励，促使立法者依循城市优势制定相应的地方制度，立法者对制度的阐释力不同，就会催生出不同的制度模式，从而使各个城市在开发自身优势时，在结构、预期、成本等方面有各异表现，而城市具体表现的优劣又最终关乎城市竞争力高低，自此，一种新的竞争模式就诞生了。新制度经济学将此逻辑界定为“制度竞

---

① 马怀德：《“法治 GDP”比“经济 GDP”更重要》，载《法制日报》2011 年 8 月 31 日，第 9 版。
② 周尚君、郭晓雨：《制度竞争视角下的地方立法权扩容》，载《法学》2015 年第 11 期。

争”的逻辑，但事实上，制度竞争强调的还是对规则的重视。[①] 综上，市级立法主体扩容标志着市级立法层级的形成，这一过程同时也是地方立法权的下放过程，而地方立法权则是未来城市之间竞争的关键所在。制度竞争逻辑先天内置了地方立法权扩容的逻辑，掌握了规则制定主动权的城市立法者需要在改革浪潮中握紧地方发展的有利机遇。

小　结

本章集中探讨了立法主体扩容机理，目的在于回答，为何需要进行主体扩容，为何需要市级立法。经过分析我们认为，首先，主体扩容整合了市的立法身份，结束了较大的市的概念原本分裂的状态，具有必要意义；其次，从发展角度而言，主体扩容符合城市的权力集聚本质以及自治发展逻辑，符合我国当下的央地立法事权划分逻辑，符合府际关系演变的需要；最后，从理论阐释角度而言，立法主体扩容应被纳入国家治理现代化这一理论背景之下，而市级立法层级的形成其实是试验治理理论在立法体制中的一次革新尝试，有助于立法信息的获取和助推地方法治竞争。因此，市级立法的大背景：主体扩容背后的源流就此得以廓清。但是，主体扩容之后必然会带来新的问题：新的立法主体可以就哪些事项进行立法？扩容后市级立法主体的具体权力内容与边界如何？我国又是出于哪些理论与现实考量进行的市级立法权配置？目前市级立法权配置情况是否存在不足之处？这些问题都必须得到进一步回答。因此，下一章便转入对市级立法权配置问题的分析，毕竟只有具有了相应的权限，才能真正地行使手中的权力。

---

① [德]柯武刚、史漫飞：《制度经济学：社会秩序与公共政策》，韩朝华译，商务印书馆 2000 年版，第 490 页。

第二章　市级立法权配置情况

第一节　应属地方性事务范围

一、地方性事务的地区性和特殊性

《立法法》第73条的规定引申出了地方立法一大重要原则：地方立法权需针对地方性事务而行使。但是，对于如何理解“地方性事务”这一关键的法律概念，却一直未有定论。“地方性事务”这一概念早在1998年的《广东省人民代表大会常务委员会制定地方性法规规定》(已失效)中就已出现。该法规第4条以正面列举的方式，说明了广东省地方性法规可以涉及的事项范围，其中第5项就指明“其他属于地方性事务需要制定地方性法规的”事项，应归属在广东省人大立法权限之内。这一规定是我们能够查询到的“地方性事务”概念在法律（广义）文本中的首次运用，但由于立法层级较低，涵射地域有限，当时并未引起学界或实务界的广泛关注。2000年出台的《立法法》正式将“地方性事务”一词升格为约束地方立法权限的关键法律概念，但却并未对其作出任何解释。从法律概念角度而言，地方性事务是指“根据设立它的法律属地方自治市（city）管辖范围内的事务，依授权，地方自治市对这些事务享有调整、管理和控制的权力”[①]。结合这一概念，我们能够为地方性事务作出一个最为宽泛的字面意思判断：地方性事务是指地方有权管辖的事务。那么，如何从立法角度，明确哪些才是地方有权管辖的事务？或许《立法法》对该问题的回避已从侧面印证了正面解释该问题的复杂性，但是，我们能够从相关释义中，找到立法事项中可被纳入“地方性事务”范围的事项应具备哪些特征，从而一步步地缩小市级立法事项范围。

目前学界针对“地方性事务”进行了一系列理论探讨，但相比之下，最能体现立法者意图的解释，出现在全国人大法工委所编著的《立法法释义》当中：“地方性事务是与全国性的事务相对应的，地方性事务是指具有地方特色事务，一般来说，不需要或在可预见的时期内不需要由全国制定法律、行政法规来作出统一规定。例如，对本行政区域内某一风景名胜的保护，就属于地方性事务，一般来说不需要国家作出规定。又如，禁放烟花爆竹，在某些城市中被认为是必要的，因此他们制定了禁放烟花爆竹的地方性法规，而在其他城市则被认为燃放烟花爆竹不应当受到限制，因此，这类事项显然不必要由国家统一立法。”[②] 但该释义仅仅是对地方性事务作出了描述性的概念解释，并未涉及问题的本质，我们很难在其中找寻到“哪些具体事项属于地方性事务”的解答。不过，从这一释义中我们能够发现，某事项如果能够被称为地方性事务，至少需要具备以下特征：

① 该解释来源于《元照英美法词典》对“地方（性）事务”（Local affairs）的解释。具体参见《元照英美法词典》，法律出版社 2003 年版，第 860 页。

② 张春生主编：《中华人民共和国立法法释义》，法律出版社 2000 年版，第 188 页。

第一，该事项是地区性事项，即相对于全国性事项而言，该事项所涉及的利益范围和可能存在的调整范围均呈现地区化。所谓利益范围的地区化，主要从立法前考虑，如果某项具体事务能够带来的利益仅局限于某个特定的地区，那么一般认为该事务具有地方性，例如对地方的规划设计、市容、园林、风景名胜进行管理，等等。相反，如果一项事务利益能够波及全局，即能够产生国家性利益，例如国防、外交、金融等事务，则宜将此事务划归为中央事项。不过，从理论角度而言，以利益范围为主的考察标准具有一定的局限性。一方面，利益本身并不是一个不可分割的整体，往往会有整体、局部利益之别，并且，整体与局部之间的关联性较强，我们很难在整体、局部之间做出精确的划分，并且，局部利益同整体利益之间势必会产生勾连状态，利益范围的标准也会因此而具有一定的模糊性及复杂性，所以，虽然以利益范围为标准具有一定的参考价值，但仍旧不能单凭此标准去作出判断。所谓调整范围的地区化，则主要是预设了立法后的局面，泛指若需对该事项进行立法，则其能够辐射的范围必然是有限的，不可被推及全国。虽然是对立法后状态进行的预设，但调控范围的区域化中隐含的是对该事项影响范围的判断，毕竟，如若某事项的影响范围仅覆盖有限地区，即便地方对其进行立法活动，产生的法律文本的调整范围也不会扩散至影响范围之外。① 事实上，日本、美国、德国、欧盟等地均将影响范围作为划分中央与地方立法权限的标准，以美国

① 某种程度上，调整范围同利益范围具有一定的重合性。一般来讲，能够在某一地区实施的事务，一般都会涉及该地方的利益，而只有较少情况下产生溢出效应，但反过来讲，涉及某一地方利益的事项，则未必只在该地域内实施，可能在全国范围内实施，也可能跨地域实施。

为例，宾夕法尼亚州“领港调控案”[①]所确立的“库利原则”就要求依照事务性质来分配联邦与州的立法调控权。依照该原则，国会对于应归属全国统一调整的事务享有专有立法权，但在如下情形也存在例外：当某一具体事务需要依据地方特性而制定多样化调整方案，且国会并未以先占的形式制定相关法律，那么即便其能够被归属于国会权限之内，各州仍可享有共有立法调控权。[②]不过，调整（影响）范围看似客观，但也具有一定的局限性，毕竟中央与地方的立法事项不可能呈现完全平行状态，两者之间完全有可能交叉重合，地区与地区之间也可能存在事务的交叉，概言之，一些事项未必可归属于全国范围，也未必一定可归属于某一地域范围，并且随着地区合作增多，许多事项已经呈现出了跨地区的特征。

第二，该事项是特殊性事项，特殊性则主要体现在两个方面：相对于国家而言的非普遍性，以及相对于其他地区而言的差异性。首先，相对于全国性事项而言，该事项并不具备普遍调控价值，自然不需要通过国家法律对其规范，因此，国家立法一般而言不适宜或者说在相当久的时限内不会涉及。例如，针对某地风景名胜进行保护而开展的立法活动，较少会诉诸国家法律层面，因为该事项一般不具有普遍性。其次，特殊性体现为地区差异性，我国幅员辽阔，各地区之间存在差异十分正常，因此，一些事项可能在某地具有立法意义，而在其他地

① 基本案情：1803 年宾夕法尼亚州议会通过一项立法，规定凡进入费城港的轮船必须接受港务局的领港，并交纳领港费，否则将被罚款一半领港费。该案的原告库利并未遵守这一法律，因而被州法院罚款。他以宾夕法尼亚州法律与宪法的州际贸易条款相抵触为由，上诉至联邦最高法院。主审法官科迪斯认为，宪法授予国会调控州际贸易的权力，并不剥夺各州调节领港的权力。因而，宾夕法尼亚州的立法是有效的，且宾夕法尼亚州法院的判决必须受到肯定。

② 张千帆：《宪法学导论——原理与应用》，法律出版社 2004 年版，第 235—239 页。

方没有立法需要。以道路通行为例，A 地区因环境问题、管理问题而在特殊时段内设置了道路通行限制，并不意味着与之经济、人文环境差异较大的 B 地区需要设置同样的道路通行限制。再如，一些事项是某地区的地方特色性事务，在其他地区自然不会存在相应的立法事项，就像福建地区因历史、地理因素使然，华侨类事务就成为当地立法的特殊性事项。一般而言，造成特殊性存在的原因有三点：一是不同地区在地理、历史、文化等方面存在特殊性，不同的自然、社会条件导致了不同地域人们在思维方式、行为方式方面的差异，势必需要特殊的规范与之相适应；二是各地所面临的社会治理问题不同，国家层面的统一规定并不能解决愈发具体化的社会问题，因地制宜、结合当地的不同情况作出具体化规定，实属必然；三是不同的立法需求催生了特殊的规范标准与调整角度，例如，同样是对市容进行管理，有的地方对于城市卫生问题制定的规范标准较高，有的地方则可能制定的规范标准较低，再如，同样一条河流，可能流经不同的地区，面临资源保护、环境保护、水利开发、航道管理等多方面问题，每一地区从不同的调控角度出发，就会产生不同的立法需求，自然会造成对该事项特殊化的立法表现。

综上，在难以从正面归纳“地方性事务”概念的情况下，初步发现地方性事务具有的两大特征：地区性和特殊性。那么，这是否意味着，某事项具备了地区性和特殊性特征，就一定能归属于地方性事务？也不尽然。这种归纳方式只能得出如下结论：A 事项是地方性事务，那么 A 事项一定符合前述特征，但符合前述特征的事项，并非一定属于地方性事务。造成这一局面的一大原因在于，地方性事务本身具有极大的模糊性。

二、地方性事务的具体范围难以界定

地方性事务的范围具有极大的模糊性，而造成这一局面的主要原因在于，“地方性事务”的范围所能包含的事务可能会随着客观情况的发展而产生相应变化。一方面，《立法法》提出的地方性事务内涵并不稳定，这是由于立法本身就具有情景性与历时性，也即，情势条件或时间条件的变动可能会对法律意义上的地方性事务产生不同的理解。例如，对于地方辖区内的自然风貌及环境的保护实属必要，但并不一定就会在当下将其划归入立法上的地方性事务范畴，当情势条件成熟之时，[①] 这些事务才具有立法意义上的价值。同样地，对于同一对象可能会在不同时期衍生出不同的调整视角，以前文列举的河流为例，初期地方立法机关的调整重心可能在水利管理、资源开发方面，可是随着资源利用程度加剧，极有可能引发出流域内多地区的环境保护、资源保护问题，从而使得原地区立法重心转移、其他地区新增立法需求，因此，就立法意义而言，新的地方性事务的产生是完全可能的。另一方面，地方性事务同全国性事务之间可能存在转换关系。判断某项事务是不是地方性事务，必须根据当时的客观情况来确定。原本相对于全国、其他地区而言具有特殊性的事项，可能会因事态发展而转变为普遍性事项，这一情形尤其多见于改革发展过程中出现的新兴事务，例如，企业公司制度最先就是以地方规范的形式出现于福建、

---

① 对于风景、环境的保护可能在有些地区存在不同的理解，对于一些未得以开放的自然景观而言，客观上它是存在的，但在立法意义角度而言，可能在某些时期并不一定具备立法价值，但随着人为因素介入的增多，可能在另一种时间条件之下，又产生了立法必要，从而进入立法上地方性事务的范围。

广东等地，随后却成为了由《公司法》进行统一调控的全国性事务。[①]同样地，未来也极有可能会出现某项国家调控事项失去了全国统一规定的意义，但各地发展状况的不均衡性使得这些事务在某些地方可能还具有规范的意义，如此一来，普遍性事务在理论上也有可能成为地方性事务。

地方性事务范围的模糊性，又造成了地方立法几类事项之间存在交叉性。《立法法》第 73 条规定，地方立法的权限范围主要涉及三类事项：(1) 为执行法律、行政法规的规定，需要根据本行政区域的实际情况作具体规定的事项；(2) 地方性事务中需要制定地方性法规的事项；(3) 在全国人大及其常委会专属立法权之外，中央尚未立法的事项。从该条的具体安排上看，三类事项之间应该属于并列关系，但是，这三类事项之间却存在着一定程度的交叉性。一方面，法律和行政法规的调整范围辐射全国，为了保障它们在各个地区内均能得到良好的执行，其条文只能以原则化、概括化为主，因此，地方立法成果自然需要在上位法的基础之上对其进行细化。另一方面，依据试验治理及事权划分理论，地方立法成果存在的一大价值即在于能激活地方活力，这种活力不仅意味着地方治理能力的提升，更意味着地方试验机制的顺利运转，作为产生许多新问题的一线，小范围内的地方立法活动，能够为中央层面的立法积累许多实践经验，因此，先行探索也是地方立法的责任之一。如此分析，这两类事项的范围是否明确，以中央层面是否存在相关立法为区分依据，但是，地方性事务的存在却

① 早期相关公司制度在地方的雏形可参见 1979 年《福建省福建投资企业公司债券发行办法》(已失效)、1986 年《广东省经济特区涉外公司条例》、1993 年《广东省公司条例》(已失效)等地方性法规。

引起了三者范围出现交叉的情形。试想，现实中完全可能存在如下情形：一项地方立法活动虽然具备上位法依据，并且对上位法内容进行了细化规定，但从地方角度而言，结合本地区实际情况将上位法的原则性规定转变为具有地区可操作性，是否也能被看作是对地方性事务进行的立法行为？同样地，地方虽然能够在缺乏上位法依据的前提下开展探索式立法行为，但这种结合本地区实际的立法行为，本身又是否是对地方事务的回应？因此，虽然《立法法》第 73 条规定了三类情形，但是实际上，由于地方性事务的概念至今并未明晰，三类情形之间的边界也并未得到清晰界定，地方性事务同实施性立法、先行立法之间，有着交叉的可能。

三、市级立法地方性事务的可能范围

经过分析发现，在缺乏权威释义的当下，地方性事务的范围只能交由地方在立法实践中进行把握，我们很难归纳出“地方性事务”的具体内容。通过对法工委的释义进行分析，我们认为地方性事务往往都是地区化、特殊化的事务，同时，必须承认立法意义上的地方性事务的范围十分模糊，难以通过归纳列举的方式对其进行明确界定。造成地方性事务范围模糊的很大原因是事项内容的可变性，即“地方性事务”范围所包含的事务可能会随着客观情况的发展而产生相应变化。另一方面，因为内容易变，地方性事务同先行立法、实施立法两者可能存在范围上的交叉。综上，可以说地方性事务概念周围存在一个宽泛的模糊带，以往有学者尝试对地方性事务进行了列举式的说明，其中较有代表性的意见认为，地方性事务至少由地方政权建设，文化、教育、司法和行政，市场经济管理，社会权益保障四大方面构成。

表 5　地方性事务外延情况[①]

类别	外延
地方政权建设	地方人大及其常委会的工作条例、议事规则；地方行政机关自身建设方面的事项；地方性法规和地方政府规章的制定程序；地方人大对本级政府、法院和检察院的监督；农村、城镇基层政权建设和自治组织的建设
文化、教育、司法、行政	治安管理；地方警察；劳改和劳教管理；防病、治病和医疗设施建设；文艺演出、展览、曲艺、义务教育、民办教育、科研项目管理、旅游、体育等
市场经济管理	地方的经济计划、基础设施建设、城乡建设规划、交通运输、水利建设、地方银行；地方的投资、贸易、特区、海商、边贸；地方的税收、收费、物价、市场管理、消费者权益保护；地方的资源、能源和环境保护；地方的农、林、牧和渔业生产
社会权益保障	老人、妇女和未成年人的权益保护；残疾人、失业人员的权益保护；归侨、侨眷的权益保护；社会保险；社会救助；社会福利、慈善事业、公益事业；公共服务；计划生育

表 5 从理论上归纳了地方性事务的可能范围，在此无意讨论这种列举方式及内容是否合理，但在搜集了我国省、市两级地方立法成果，并依照北大法宝采用的分类方法，对省、市两级地方立法中涉及的事项进行梳理之后，我们发现当下的地方立法成果大致涵盖了 87 个具体事项。考虑到市级立法还必须受到《立法法》第 72 条的限制，将可立法事项范围限制在“城乡建设与管理[②]、环境保护[③]、历史文化保

① 孙波：《论地方性事务——我国中央与地方关系法治化的新进展》，载《法制和社会发展》2008 年第 5 期。

② 表中的归类具体包括城乡规划、基础设施建设、市政管理等方面。

③ 采用我国《环境保护法》的定义，认为“环境是指影响人类生存和发展的各种天然的和经过人工改造的自然因素的总体，包括大气、水、海洋、土地、矿藏、森林、草原、湿地、野生生物、自然遗迹、人文遗迹、自然保护区、风景名胜区、城市和乡村等”。

护”等方面，因此，结合本章第一节相关分析，将 87 个地方立法事项同市级有权立法的三类事项进行了匹配分析，从地方性事务角度归纳了市级立法权可以涉及的事项。

表 6　市级立法地方性事务可能范围[①]

<table>
<tr><th>有权事项</th><th>能够归入项目</th><th>不能归入项目</th><th>存疑项目</th></tr>
<tr><td>城乡建设与管理</td><td>建设业、房地产、交通运输、卫生、民政、工商管理、开发区、工业管理、商贸物资、广告、邮政电讯、饮食服务、质量管理和监督、标准化管理和认证认可、地震、测绘、咨询</td><td rowspan="3">法制工作、公安、机关工作、劳动工会、教育、宪法、民法、财政、知识产权、军事、审计、财务、统计、人口与计划生育、检察业务、税收、民族事务、合同、国家机关、宗教事务、律师、海关、婚姻赡养收养继承、改革开放、调解与仲裁、国有资产、台湾事务、语言文字、反不正当竞争、司法协助、民事诉讼、会计、国家安全、公证、外交外事、银行、特区、刑事诉讼、自由贸易试验区、刑法、证券</td><td rowspan="3">旅游、科技（科技市场管理、合作、成果转化等）、土地、体育（体育活动、体育设施等管理）、价格、企业、人事（人才市场管理）、外商投资企业、个体经济、租赁、计量、计划、华侨事务、保险、公司、商品检验与动植物检疫、电子商务</td></tr>
<tr><td>环境保护</td><td>环境保护、资源、水利、农业、林业、能源、气象、地质矿产、渔业、牧业</td></tr>
<tr><td>历史文化保护</td><td>文物文史、文化</td></tr>
</table>

① 这些具体立法事项是根据以往的地方立法实践汇总得出的，表格中能够归入项目列、不能归入项目列、存疑项目列的内容，都是依照该类项目中每类法规的数量多寡，由大到小进行排序列明的。

第二节　具体立法事项限定

一、反向列举：法律保留事项

《立法法》对中央和地方各自的立法权限作出了界定。其中，《立法法》以列举的方式明确规定了具体的法律保留事项，这些保留事项意味着仅能通过制定法律（狭义）或行政法规的方式对其进行相应规范。因此，对于市级立法而言，《立法法》对法律保留事项的列举实际上是一种反向列举，意味着“凡列明事项均不得进行地方立法”，市级立法自然也不能染指。

表 7　法律保留事项分类及内容[①]

内容	类别		规范类型
	绝对保留	相对保留	
1. 国家主权的事项		√	法律、行政法规
2. 各级人民代表大会、人民政府、人民法院和人民检察院的产生、组织和职权		√	法律、行政法规
3. 民族区域自治制度、特别行政区制度、基层群众自治制度		√	法律、行政法规
4. 犯罪和刑罚	√		法律
5. 对公民政治权利的剥夺、限制人身自由的强制措施和处罚	√		法律

① 《立法法》对于法律保留事项表述上有些不一致，该表格的法律保留内容一列是以第 8 条的条文内容为基础，但《立法法》第 9 条当中，原本表述的绝对保留事项是“司法制度”，在对第 8 条、第 9 条综合考虑后，将“诉讼和仲裁制度”划入了绝对保留事项当中。因此，这种分类仅是初步的粗略分类，由于本章的重点内容在于探讨市级立法的事项范围，所以对法律保留的绝对、相对事项的划分以粗略划分为主。

续表

内容	类别		规范类型
	绝对保留	相对保留	
6. 税种的设立、税率的确定和税收征收管理等税收基本制度		√	法律、行政法规
7. 对非国有财产的征收、征用		√	法律、行政法规
8. 民事基本制度		√	法律、行政法规
9. 基本经济制度以及财政、海关、金融和外贸的基本制度		√	法律、行政法规
10. 诉讼和仲裁制度	√		法律
11. 必须由全国人民代表大会及其常务委员会制定法律的其他事项		√	法律、行政法规

二、正向列举:《立法法》的具体规定

除了具体的法律保留事项以外，《立法法》还对市级立法权的具体事项范围作出了限定，这些限定主要出现在第 72 条、第 77 条当中。根据《立法法》第 77 条之规定，市级人大有权在参照法律制定程序的基础上，对本地地方性法规的制定程序作出规定，实践当中，也的确有不少设区的市制定了“立法条例”类的地方性法规，行使了该项立法权。《立法法》第 72 条则以列举的方式，对市级有权立法的事项作出了具体限定，根据该条规定，设区的市虽然具有立法权，但仅能对“城乡建设与管理、环境保护、历史文化保护等”方面的事项制定地方性法规，并且，如果法律对市级立法的权限范围有其他规定的，则需要同时遵守其他法律的相关规定。因此，《立法法》第 72 条实际上为市级立法事项划定了两个基本范围：一是三类具体事项；二是其他法律

中的具体规定。在此先对“三类具体事项”进行分析。

首先，三类事项具体囊括了哪些内容？对于如何界定这三类事项的具体内容，目前未出台权威说明，因此，我们只能从法律解释方面入手，尝试对这三类事项的具体含义作出界定。一方面，法条中明确列明的可立法事项应是：城乡建设、城乡管理、环境保护、历史文化保护。之所以对法条文本中三类具体事项进行拆分理解，是考虑到，从语词构造的角度而言，“城乡建设与管理”中的“与”字表示了一层并列关系，并且，从现有公开资料来看，《立法法修正案（草案）》一审稿将三类事项表述为“城市建设、市容卫生、环境保护等城市管理方面的事项”，二审稿则修改为“城市建设、城市管理、环境保护等方面的事项”，表决稿及最终颁行的文本才统一表述为“城乡建设与管理、环境保护、历史文化保护等方面的事项”。[①] 从几次审议稿的用词变化可知，立法者对于“城市管理”一词的处理思路经历了从广义到狭义的变动过程，“城市管理”一词也由上位概念变成了最终表决稿中的并列概念，因此，宜将市级立法的事项解释为“城乡建设、城乡管理、环境保护、历史文化保护”四类。另一方面，哪些事项属于环境保护、历史文化保护的内容其实较好把握，但学界和理论界对于“城乡建设与管理”这一词组的具体含义未有统一认识，如何合理理解并界定“城乡建设”“城乡管理”的范围，也是解决市级立法事项范围的一大难题。通过对相关法律文本的考察，我们认为“城乡”一词具体含义可以参考城乡规划法的解释，[②] 将“城镇、城市、镇、乡、村庄”均纳入其范围

---

① 相关讨论可参考全国人大网关于立法法修改的专题，http://www.npc.gov.cn/zgrdw/npc/lfzt/2014/node_27175.htm，2020 年 3 月 1 日访问。

② 此处指代《城乡规划法》第 2 条的相关规定：“本法所称城乡规划，包括城镇体系规划、城市规划、镇规划、乡规划和村庄规划。”

之中。而“城乡建设”所涉及的具体含义，则可以借鉴一些学者的参考建议，发掘“住房与城乡建设管理部门”的职能范畴，帮助我们划定“城乡建设”可能存在的具体事项。[①] 至于“城乡管理”一词，我们从前述审议稿用词的变化可以看出，既然立法者最终选用了“城乡管理”一词的狭义意涵，那么我们也不能对其进行任意的扩大解释。管理一词的专业含义难以界定[②]，即便确定严格解释这一基本立场，我们也很难借助现有的法律、行政法规，对“城乡管理”内囊括的事项进行详细列明，可以说，对这一词的边界的界定，完全依靠市级立法主体根据地方治理情况自行把握，具有较大的不确定性。

其次，如何理解“等事项”的具体含义也至关重要。《立法法》为市级立法划定事项范围的规定，可谓是几家欢喜几家愁，对于原本就具备立法权的较大的市而言，《立法法》第 72 条的规定无疑为它们圈定了行动范围，因此，一些立法经验较为发达的较大的市，倾向于对“等事项”做扩大性解释。我们认为在此需要把握严格解释的尺度，对于原本法条中的“等事项”而言，建议将“等”字理解为列举煞尾之用[③]，

---

① 例如，郑毅认为，我们可以从住建部的职能入手，将其理解为城乡规划、市场监管、城市建设、村镇建设、质量管理等。这种观点有一定的参考价值，但住建部相关职能范围也较广，需要市级立法主体进一步对其进行把握，也很有可能造成各地的理解偏差。而孙莹则认为，可以借助《地方组织法》中对地方人大和地方政府在政治、经济、教育、科技、卫生等这些方面的职权规定。具体参见郑毅：《对我国〈立法法〉修改后若干疑难问题的诠释与回应》，载《政治与法律》2016 年第 1 期。

② 在城市管理学中，广义上的城市管理可以囊括基础设施、经济、社会、环境、行政多个方面，而狭义则仅指对公共设施、公用事业的规划与指导。参见彭和平、侯书森编著：《城市管理学》，高等教育出版社 2009 年版，第 6 页。

③ 仅从文义角度理解的话，“等”字在该条中的意思有两种可能，一是作为列举完毕的煞尾，二是表示列举未完，两者之间差距很大。参见中国社会科学院语言研究所编：《新华字典》，商务印书馆 2000 年版，第 92 页。

不对其进行额外发挥。持此态度的理由在于，全国人大法工委在《立法法修正案》审议过程中，多次表明此次设区市立法权的赋予要本着“全面赋权、稳步推进”的精神，严防立法过多、过滥，并且于2016年年初再次重申，设区市要“严格按照立法权限进行立法”[①]。就目前而言，严格的解释尺度才符合修法初衷。[②]

最后，对于原本就具有立法权的49个较大的市而言，设定立法事项范围可能造成已有法规越权的情况出现，因此，《立法法》第72条又专门规定，凡是已经制定的且涉及三类事项范围以外的法规，继续有效。这在一定程度上解决了49个较大的市既往法规的效力问题，但同时也留下了一些隐患：市级立法主体是否有权对既往越权法规进行修改？修改法规不仅属于市级立法权的内容，也是现实中不可避免的情况，但如果在新《立法法》生效后，原有较大的市立法主体对既往越权法规实施了修改行为，实际上就违背了《立法法》第72条对设区的市立法事项范围的限定，因此，这一现实困境也为原本较大的市带来了一定的理解障碍。一些学者从各种角度提出了“修改不越权”的主张，虽然仅具有学理意义，但也为该问题的解决提供了理论支持。笔者基本赞同“修改不越权”这一立场，是因为，全国人大法工委主

---

① 《立法法修正案（一审稿）说明》就专门对设区市立法权赋予问题做了解释，在2015年3月9日的全国人大法工委负责人答记者问记者会上，也以“五道防线”形象说明了如何防止广泛赋权后可能带来的立法泛滥，强调了将赋权“限定在城乡建设和管理、环境保护和历史文化保护这样几类事项”，这些都为严格解释设区市立法事项提供了权威支撑。参见郑淑娜：《全国人大常委会法工委负责人答记者问（文字实录）》，https://news.china.com/2015lh/news/11170076/20150309/19362524.html，2020年3月1日访问；陈丽平：《已确定214个设区市行使立法权》，载《法制日报》2016年3月11日第2版。

② 时任全国人大法工委主任李适时也提出：“从立法原意讲，应该是等内，不宜再做更加宽泛的理解。”虽然是在学术研讨场合作出的发言，但还是具有较大的参考价值。

任曾明确提出，“对这些法规，如因为上位法修改或者实际情况发生变化，可以对地方性法规进行必要的修改，但是不得再增加立法法关于设区的市立法权限范围以外的事项，防止出现‘旧瓶装新酒’的现象。如果必须要增加立法权限范围以外的事项，可以考虑由原制定机关废止现行法规，提请省、自治区人大常委会就设区的市的有关事项重新制定相关地方性法规。如果上位法的修改十分详细具体，又具有较强的可操作性，也可考虑适时废止该项法规”。[①]

综上，《立法法》对于市级立法事项范围的限定如下：一是可以制定相应的立法程序性规定；二是可以针对“城乡建设与管理、环境保护、历史文化保护等方面的事项”制定地方性法规，且相关事项范围虽未厘定，但建议从严格解释的角度入手，谨慎选择；三是旧市在处理既往法规时，在前述事项范围内所做的必要的修改并不越权；四是同时需要遵守其他法律对市级立法权限的具体规定。

三、综合列举：其他法律的具体规定

除了《立法法》以外，我国其他法律当中也会出现一些具体条文，涉及对地方可立法事务的规定。这种通过专门法律的形式设定地方立法权限的行为也是较为常见的。相较于《立法法》的规定，专门法律对于地方立法权限的规定往往比较具体，会直接表明对哪些事务能够进行地方（市级）立法，对哪些事务不能进行地方（市级）立法。考虑到相关的规定较为繁杂，且目前未有成果对其进行过专门总结，在此初步梳理了我国现行有效的法律文本，将其他专有法律中涉及地方

① 李适时：《全面贯彻实施修改后的立法法——在第二十一次全国地方立法研讨会上的总结》，载《中国人大》2015 年第 21 期。

立法事项的规定大致区分为以下四类：

第一，直接规定地方立法主体可以制定地方性法规，但是并未对地方立法主体进行详细区分，因此可以认为，市级立法主体也可以就该类事项进行立法活动，这是对市级立法事项范围的肯定性规定。

第二，直接规定市级立法主体可以制定相关的法规，这是针对市级立法事项范围所作出的具体化肯定性规定，目前在我国法律当中出现的情况很少，例如《人口与计划生育法》第 29 条之规定。①

第三，明确规定省级立法主体可以制定相关法规，一般以具体实施办法为主，由于该种情形仅明确列举了省级立法主体，未对市级立法主体作出规定，因此可以推定，这些事项的立法权限仅下放至省级，市级立法主体并不享有相关的立法权限，可以看作是对市级立法事项的否定性规定，有代表性的例证是，《人口与计划生育法》第 18 条规定："符合法律、法规规定条件的，可以要求安排再生育子女。具体办法由省、自治区、直辖市人民代表大会或者其常务委员会规定。"

第四，该类情形较为特殊，集中出现在行政类法律当中，具体表现为虽不涉及具体的立法事项，但是规定了市级立法主体在各类法规当中所能采取的行政行为类别。集中出现在《行政许可法》《行政强制法》《行政处罚法》当中。这类情形严格来说并不能完全算是对立

① 该法第 29 条规定："本章规定的奖励措施，省、自治区、直辖市和较大的市的人民代表大会及其常务委员会或者人民政府可以依据本法和有关法律、行政法规的规定，结合当地实际情况，制定具体实施办法。"由于一直未修订，故而采取的是《立法法》修改前的概念："较大的市"，但仍旧属于对市级立法事项的一种肯定，并且需要注意限定在于，市级立法仅在"计划生育相关奖励与社会保障"方面有权进行规定。

法事项的限定，而是对地方立法中涉及的具体调整方式的规定。但考虑到该类情形也是对市级立法权的限制，很难将其完全归类到“地方性事务”“不抵触”[①]当中，再加之考虑到该部分的主要目的是对我国现存法律文本中明确出现的市级立法限制条文进行统一梳理，故在此也对调整方式的限制进行了讨论。

综上，在对我国现行有效的法律文本进行梳理之后，将有关市级立法权限的条文情况归纳总结为上述四种情况，具体可参见表8、表9。

表8　其他法律文本对市级立法事项之限定

类别	法律及条文情况
市级无权立法事项（反向规定）	《人口与计划生育法》第18条； 《义务教育法》第12条； 《城乡规划法》第41、44条； 《邮政法》第86条； 《食品安全法》第36条； 《预算法》第100条； 《草原法》第73条； 《道路交通安全法》第123条； 《非物质文化遗产法》第43条；

① 其实，就最宽泛意义而言，本节对立法事项的讨论都可以被纳入后文外在边界：“不抵触”部分，毕竟这些都是上位法的具体规定，市级立法当然不能抵触其规定，但是考虑到立法法等法律当中的具体性规定较多，有较大的分析意义，而不抵触部分则专注于对理论问题的讨论。并且，考虑到本书对市级立法权配置情况的内外区分的视角仅仅是一种便于分析的归类方式，因此，虽然对内外视角有所区分，但是具体的切入点与理解不同的确会产生不同的分类方式，本书的分类并不唯一，所以，此处出于行文与分析需要，仍旧将行政类法规中对于市级立法调整手段的规定，也纳入了事项范围中去讨论，特此说明。

续表

类别	法律及条文情况
市级无权立法事项（反向规定）	《水土保持法》第 23 条； 《矿山安全法》第 49 条； 《归侨侨眷权益保护法》第 29 条； 《农村土地承包法》第 68 条； 《野生动物保护法》第 41 条； 《矿产资源法》第 16 条； 《人民防空法》第 52 条； 《妇女权益保障法》第 60 条。
市级有权立法事项	《固体废物污染环境防治法》第 49 条； 《广告法》第 41 条（模糊性规定）； 《环境保护法》第 59 条（模糊性规定）。

表 9　行政类法律对市级立法调整方式之限定

类别	法律及条文情况
市级立法有权范围	《行政处罚法》第 12 条； 《行政许可法》第 15 条； 《行政强制法》第 10 条。
市级立法无权范围	《行政处罚法》第 12 条； 《行政许可法》第 15 条； 《行政强制法》第 10 条、第 13 条。
市级立法其他限制	《行政处罚法》第 12 条； 《行政许可法》第 15 条、第 16 条； 《行政强制法》第 11 条。

第三节　内容不得抵触上位法

除了需满足地方性事务、具体有权事项这两项内在要求以外，市级立法权也需要遵守不抵触上位法这一外在边界。目前我国理论与规范层面均未对不抵触原则作出权威系统的解释，一般而言，不抵触是指地方立法成果不得与其上位法相抵触，就文义角度而言，把握该原则有两个关键点：如何理解“抵触”的含义？哪些规范属于上位法范围？能否成功解答这两个关键性问题，决定着我们是否能够理解不抵触原则的本质要求。因此，本节的目的在于分析“抵触”一词的具体含义，尝试归纳判断“抵触”的相应标准，并梳理出市级立法的上位法范围。

一、对“抵触”的理解

理论界对“抵触”的具体含义与标准的研究成果十分丰富且各具价值，曾有学者总结出该领域存在四种研究路径，可分别称为“规范性质路径”、“权限路径”、“权利义务路径”和“法律冲突路径”。[①] 以往的研究或是从单一路径出发，或是从两个以上的混合路径出发，从不同研究视角对抵触问题进行了或深或浅的剖析，但必须承认的是，多角度的研究至今仍未探寻出一套分析解决抵触问题的有效理论体系。因此，在此也很难针对抵触问题作出十分完善、圆满的解答，但出于明晰市级立法权限的目的，我们仍旧需要对“抵触”作出必要的界定与分析。

“抵触”一词在《现代汉语词典》中的解释是：“跟另一方有矛盾”，

---

① 陈吉利：《法律抵触判定原理的反思和重构》，载《行政法学研究》2014 年第 3 期。

从英文角度来看，“抵触”在法学领域多译为“contravene”，从字面上看有对抗、反对之意。[①] 我国《宪法》当中共有三个条文使用了“抵触”一词，分别是第5、67、100条。《立法法》则在第7、72、73、87、97、99、100条当中使用了“抵触”一词。经比较发现，《立法法》不仅对“抵触”一词的使用更为系统化，且涉及该词的7个法条均同市级立法相关，因此，《立法法》就成为本节分析的规范样本。我们发现，《立法法》全文共计出现了13次“抵触”，经分析，对该词所有的应用都存在于纵向法律关系之间，也即，《立法法》认为上位法和下位法之间才有可能存在抵触，同位法之间则用“不一致”来描述可能存在的冲突状况。[②] 当然，理论界也有不少学者并不认同《立法法》的使用方式，认为“抵触”和“不一致”之间的区别并非法律位阶不同所能简单概括的。例如，有学者指出，“抵触”和“不一致”之间是质和量的差异，凡是称之为抵触的，必须是存在根本性的矛盾，例如原则、精神方面的冲突；凡是归为不一致的，则体现在程度、幅度等量化问题的不同，而不意味着完全相反。[③] 也有学者认为，“抵触”和“不一致”之间是一般与特殊的关系，“不一致”是一种具有差异的非和谐状态，“抵触”则是将“不一致”发挥到了极端，是特殊化的“不一致”。[④] 与此相同的逻辑是将两者都划归到法律冲突范围内，仅从程度状况上对其进行区分：严重即为“抵触”，轻度则是

---

① 该解释出自 *The American Heritage Dictionary of the English Language* (*fourth edition*) 一书，转引自顾建亚:《行政法律规范冲突的适用规则研究》，浙江大学出版社2010年版，第33页。

②《立法法》中使用“不一致”的条文有6个，共计12处，涉及条文分别是：第35、60、92、94、95、96条。

③ 参见董皞:《论法律冲突》，商务印书馆2013年版，第136页。

④ 参见董书萍:《法律适用规则研究》，中国人民公安大学出版社2012年版，第93页。

"不一致"。[1] 考虑到《立法法》全面系统地规定了我国立法相关事务，其中对于"抵触""不一致"两者的划分清晰明了，便于实践中识别、操作，因此，建议在此问题上选择契合《立法法》之规定，将"抵触"限定在纵向法律关系当中。[2] 一旦将"抵触"定位于纵向法律关系之间，再结合《立法法》具体条文，我们就能推导出如下结论：上下位法之间的冲突视为抵触，如果发生了抵触情形，下位法即被认定为无效，并且需要有权机关对下位法进行修改或撤销处理，以解决冲突矛盾，[3] 维护法律体系的和谐统一；在"抵触"情况未被合理解决之前，因下位法已无效，则需要依照"上位法优于下位法"的原则进行法律适用。[4] 综上，我们能够依照《立法法》之规定，对"抵触"作出描述性概括：所谓"抵触"，是指发生于上位法、下位法之间的矛盾冲突，发现"抵触"时需要有权机关对下位法进行修改或撤销，在修改或撤销之前，下位法无效。

虽然能够借助法律的规定对"抵触"进行大致描摹，但是，目前仍旧未能成功从理论层面抽象出"抵触"的学理含义。我们仍旧很难清晰地回答，何种情形才能被称为"抵触"。不过，理论界、实务界以列举的方式，梳理总结了能够被认定为"抵触"的一些情形，以帮助划定"不抵触"原则的大致边界。其中，较为全面的界定是2004年由最高法发布的《关于审理行政案件适用法律规范问题的座谈会纪

---

① 参见杨临萍：《中国司法审查若干前沿问题》，人民法院出版社2006年版，第122页。

② 其实，理论界较多学者也都赞同此种界定，并且，自2000年《立法法》颁行至今已有20年之久，人们也接受、习惯了将抵触限定于上位法、下位法之间。

③ 此结论依据为《立法法》第96、97条之规定。

④ 此处关于适用原则的讨论并未囊括经济特区、自治地方等制定的变通法，仅从一般意义上而言。

要》（法［2004］96号）（以下简称《纪要》），该文件具有司法解释性质，主要解决的就是《立法法》颁行后法律规范之间冲突等各种疑难问题。除却兜底性规定之外，文件中还清晰列举了10项可被识别为抵触[①]的具体情形，包括：

（1）下位法缩小上位法规定的权利主体范围，或者违反上位法立法目的扩大上位法规定的权利主体范围；

（2）下位法限制或者剥夺上位法规定的权利，或者违反上位法立法目的扩大上位法规定的权利范围；

（3）下位法扩大行政主体或其职权范围；

（4）下位法延长上位法规定的履行法定职责期限；

（5）下位法以参照、准用等方式扩大或者限缩上位法规定的义务或者义务主体的范围、性质或者条件；

（6）下位法增设或者限缩违反上位法规定的适用条件；

（7）下位法扩大或者限缩上位法规定的给予行政处罚的行为、种类和幅度的范围；

（8）下位法改变上位法已规定的违法行为的性质；

（9）下位法超出上位法规定的强制措施的适用范围、种类和方式，以及增设或者限缩其适用条件；

（10）法规、规章或者其他规范文件设定不符合《行政许可法》规定的行政许可，或者增设违反上位法的行政许可条件。

虽然《纪要》的规定清晰明了，但这些规定混合了本节最开始提

① 文件原文对这些事项的列举归属于“二、关于法律规范冲突的适用规则——（一）下位法不符合上位法的判断和适用”部分，但前文已分析过，本节将上下位法之间的法律冲突界定为“抵触”，因此，该文件虽然用语不同，但列举的事项其实就是抵触的情形。

及的至少两种分析路径，例如，第（1）、（2）、（5）条是从权利义务路径出发，第（6）、（7）、（9）、（10）条则选择了法律冲突路径，这种处理方式的优势在于全面，劣势则在于产生了挂一漏万的情形。理论界也早有学者尝试对“抵触”情形作出列举式界定，但可惜的是，不仅没有《纪要》所列全面，而且又陷入了列举不周的境地。① 因此，列举的方式虽然清晰明了，对地方立法活动具有较大的指导意义，却很难帮助我们找到“抵触”的核心，我们仍旧需要尝试归纳出判断“抵触”的标准，而非仅仅依靠事实列举的方式。

二、“抵触”的判断标准

从一般意义上而言，列举式中出现的各种情形都能被笼统归纳为两类情况：违反了上位法某些条文的具体规定，抑或违背了上位法的原则、精神、立法目的之类抽象性要求，由此出发，我们能够将抵触情形分为具体抵触和抽象抵触两类。所谓具体抵触，是指将抵触认定为同上位法的具体条文内容相抵触，地方如果想要对某事项进行立法，必须要求有相关的上位法作为立法依据。所谓抽象抵触，是指将“抵触”理解为同上位法的精神和基本原则相抵触，也即，在精神原则一致的基础上，具体规定条文的不同不是“抵触”。持此观点的学者认为，“‘抵触’一词，在古汉语中意指冒突、顶撞。它的实质是要求合乎国家法律的基本精神，朝着发展社会主义民主，健全社会主义法制的方向发展，地方立

---

① 张世荣、李步云、汪永清等前辈曾列举过“抵触”的几类情形，之后学者的列举式研究大致都是在其理论基础上的充实。参见张世荣：《“不抵触”原则新探》，载《人大工作通讯》1995 年第 9 期；李步云、汪永清主编：《中国立法的基本理论和制度》，中国法制出版社 1998 年版，第 231—234 页。

法顺着这个精神和方向去补充、增添、延伸、完善，尽管不一致，甚至有了新规定，国家法律都是允许的，能容纳的，从根本上讲就不存在抵触的问题”。[①] 其实，具体抵触和抽象抵触两种标准都具有较大局限性：抽象抵触标准考虑到了各地市级情况不同，期望为城市留足立法余地，但由于上位法的精神、目的本身就难以客观明确地界定，地方权力机关在缺乏中央释法的前提下，很难仅通过自身理解就达到对立法精神、目的的合理把握，极易产生立法越权、地方保护主义，从而引发地方各行其是又自有理由，造成地方法治割据；具体标准则过于严格，将“抵触”同“根据”之间画了等号，[②] 极大限制了市级立法空间，难以发挥因地制宜立法、细化上位法的重要作用。结合前文《纪要》的规定能够发现，《纪要》所选择的是一种折中立场，既考虑立法精神、原则，又考虑上位法的具体规定，我们将其归纳为“兼采标准”，这种处理方式并非简单地将抽象、具体标准合二为一，毕竟抽象抵触和具体抵触的宽严限度大有不同，而是对抽象、具体标准作出了适用条件限制。具体而言，兼采标准认为，在有上位法明文规定时，市级立法成果的条文规范内容不能同上位法的条文规范内容相冲突和矛盾；在没有上位法之规定时，城市则可以根据本地区实际情况先

---

① 沈关成：《对地方立法权的再认识》，载《中国法学》1996 年第 1 期。

② 本节的研究重点并不在于区分“抵触”“根据”二词的内涵与外延，在此并不展开论述，仅借用学者观点阐述为何不能将两者混为一谈：一方面，“‘不抵触’从字面意思上看，即可知是比‘根据’包含立法权限更为广泛的字眼。因为‘根据’毕竟要有所‘本’，才能叫根据；而不抵触，并没有说非要有上位法不可”。另一方面，在宪法、立法法当中，“根据”和“不抵触”本身就是作为两种不同的限制性原则出现的，混淆二者等于抹杀了其中任何一方的存在意义。参见刘莘：《行政立法研究》，法律出版社 2003 年版，第 66 页。

行立法，但不能与上位法之精神、原则相抵触。选择该标准的依据在于，市级立法需紧扣本地区的实际需求与具体情况，并不能单纯地将上位法的具体条文规定作为是否立法的依据，而是要在权限内，尽可能地突出各地特色，市级立法不能仅仅是上位法的附庸，更需要突出其独特的立法价值。综上，在此主张选择“兼采标准”，用以弥补抽象、具体二标准的不足之处。在此立场之下，下文再对如何判断“不抵触”进行分析。

（一）越权立法不应被归属于“抵触”情形

有学者将侵犯中央立法权等越权立法情况纳入到“抵触”范围中，较有代表性的有李步云先生[①]、张春生先生[②]。在《立法法》出台之前及刚实行的早期，这种观点具有一定的价值，因为《立法法》颁布之前，并未有法律对中央专属立法权以及“抵触”问题作出过明确规定，从理论研究角度出发，将越权立法看作是抵触上位法是法律冲突研究、法律适用研究、立法事权配置研究的合理需要，但随着《立法法》的颁布与多年实施，中央专属立法权的具体事项内容已在规范层面得以廓清，市级立法如果侵犯了中央专属立法权，就成为超越权限立法。这种越权立法虽然也会使得立法成果无效，看似同“抵触”带来的效果一致，但不同之处在于，越权立法是一种立法行为的违法，“抵触”则是一种立法结果的无效。也就是说，无论基于何种立场判断“抵触”，都是对立法结果进行甄别比较，而不是对立法行为本身进行判断。前

① 参见李步云、汪永清主编：《中国立法的基本理论和制度》，中国法制出版社 1998 年版，第 231—234 页。

② 参见张春生主编：《中华人民共和国立法法释义》，法律出版社 2000 年版，第 249 页。

文将“抵触”与“不一致”进行区分也是因为，“抵触”同“不一致”具有混淆的可能，因为两者都是对立法结果的判断，而越权立法行为则不能被归为“抵触”。即我们讨论市级立法抵触与否的前提是，需要在市级立法权限之内作出判断，超越立法权限的情况意味着存在违法立法的既定事实，自然不应归属于“抵触”的讨论范围。

（二）区分立法类别，多方位分析“抵触”情形

当下很难通过单一的分析维度成功归纳出可能被视为“抵触”的各种情形，在纵向法律关系当中，“抵触”问题绝非一个简单的平面化问题，故而，建议从多视角入手，层层揭示其背后的复杂结构。根据《立法法》第73条的规定，地方仅可对三类事项进行立法，而这三类事项可产生三种地方立法类型：实施性立法、地方性事务立法、先行立法。前文曾指出，由于地方性事务范围的模糊性，三类立法类型之间完全有可能存在交叉，但是，由于实施性立法同先行立法之间，以“是否具有相应的上位法规范”为界限，边界十分清晰，地方性事务立法中却既可能存在实施性立法，又可能出现先行立法，因此，无论地方立法究竟被划归哪一类具体类别，从上位法这一条件来看，仅具有两种情形：具有上位法和缺失上位法。因此，我们可以从此角度出发，分别探讨可能被认定为“抵触”的具体标准如何。不过，必须承认立法具有较大的情景性与历时性，下文的分析并不能穷尽可能出现的所有抵触情形，但却能帮助我们更为生动地理解“抵触”的意涵。

1. 缺失上位法情形下的“抵触”判断

缺失上位法即意味着不存在相关的上位法，具体有以下三种情形：一是上位法对某一事项未作出任何规定；二是上位法和下位法的调整对象相同，但调整目的根本不同；三是上位法和下位法的调整目

的相同，但调整对象根本不同。在兼采立场下，由于没有上位法存在，因此不会产生下位法同上位法的具体规定相抵触，也不会出现下位法同上位法的精神、基本原则相抵触的情况，因此，缺失上位法时市级立法成果一般不会出现抵触情况，但是，这并不意味着可以排除上位法对市级立法成果的约束：市级地方性法规仍旧需要同《宪法》基本原则及精神保持一致。

2. 存在上位法情形下的“抵触”判断

在存在相应的上位法时，各地仍旧可以在自身权限内，进行地方性事务立法和实施性立法，毕竟上位法不可能规定得十分细致具体，这样市级立法就肩负起了细化填补上位法的责任，在这种情形下，市级立法成果作为下位法，就需要注意不得同上位法的原则、精神和具体规定相抵触。因此，这种情况又可被区分为以下情形：

第一，上下位法在具体的内容方面不抵触，但是在原则或精神方面却产生了矛盾情况。法律原则对一部法律的意义至关重要，它可能不会直接以具体的条文形式展现，但一定会蕴含于法律文本之中，法律精神同法律原则的情况类似。也即，原则和精神均具有抽象性，并且，抽象性的法律原则和精神也是上位法的有机构成部分，下位法也不得违反上位法之精神。在此基础上，也有学者延伸出了下位法同样不得抵触上位法之立法目的、立法意图。不过，立法目的、立法意图是否能被纳入“不得抵触”范围，还有较大的讨论空间，毕竟法律自制定时起就具备了客观存在之属性，因此，立法者的目的与意图并不必然具有约束力。[①]

第二，下位法同上位法的具体规定相抵触。相对于第一种情况，

---

① 顾建亚：《突破上位法时的抵触标准——以“其他规范性文件”为研究起点》，载《中国地质大学学报》2006 年第 4 期。

下位法同上位法的具体规定相抵触比较复杂。在形形色色的上位法之中存在着内容完全不同的具体法律规范，我们无法对其进行毫无遗漏的精准分析，只能借助其他视角，以期从中找到具有普遍意义的分析规律。

首先，我们可以结合学界对法律规范性质的区分，将上位法中可能存在的法律规范依照其属性的不同划分为不同的类别，[①]一般情况下，如果上位法并未专门为下位法进行授权，下位法任意改变上位法规范的性质，能够被认定为同上位法抵触。例如上位法是权利性规范，下位法却将它变成义务性规范；上位法是强制性规范，下位法将它转换成任意性规范；上位法是裁量规范，下位法将它转换为羁束规范；等等。也即，一般情况下，下位法改变上位法规范的性质，构成抵触。其次，在纵向法律之间，即便具体法律规范的性质没有发生变化，但规范内容却有可能不同，从而可能产生如下抵触情形：下位法作出了同上位法相反的规定，呈现出上下位法之间“针尖对麦芒”的状态，当然构成抵触；下位法同上位法的规定方向大体一致，但却在主体范围、权利义务和责任的条件、范围等方面发生了差异。此种情况需要结合规范内容进行考察，如果上下位法都是对授益型事项作出的规定，且上位法针对某事项作出了最低或固定的规定标准，那么，原则上市级立法作为下位法可以根据当地实际情况进行差异化规定，但如果相较于上位法之规定，差异化规定实际上产生了损害相对人权益的后果，则视为同上位法抵触。最低生活保障制度就是一个典型例证，国家仅针对该制度设置了最低标准的规范，地方可以对其进行差异化规定，一旦下位法规定低于最低标准或者额外设置了其他可能减损相

---

① 参见王莉君：《法律规范研究》，法律出版社 2012 年版；雷磊：《规范理论与法律论证》，中国政法大学出版社 2012 年版。

对人权益的条件，即意味着产生了抵触。简单来说，对于授益事项，对相对人更好则不产生抵触，对相对人更不利则产生抵触。如果上下位法是对损益事项作出的规定，当上位法划定统一的固定标准时，下位法的任何差异化规定都视为抵触；当上位法划定最低标准，下位法设定高于最低标准时，不构成抵触，但设定低于最低标准时，则构成抵触；当上位法划定最高标准，下位法设定高于该标准时，就构成了抵触，设定低于该标准时，则不构成抵触。也即，对于损益事项，下位法不得作出对相对人而言更为不利的规定。

三、市级立法不可抵触的具体范围

市级立法权外部受限于“内容不抵触”的要求，但在大致明晰了何为抵触之后，仍旧存在一个基础性问题亟待解决：市级立法的上位法范围如何？也即，市级立法不能抵触哪些法律？只有解决了这个问题，才能真正使“不抵触”落到实效。在判断市级立法不可抵触的法律范围之前，必然要引入法律位阶理论。所谓法律位阶理论，是由奥地利法学家梅尔克首创的。他认为，法律是一个由条件性规范（conditioning norm）和附条件性规范（conditioned norm）所组成的等级化、秩序化体系。条件性规范是指那些包含着其他规范得以创造的条件的规范。这种等级创造表现为从高级法律秩序到低级法律秩序的复归（regression），并且是一个具体化和个别化的过程，进而可以被描述为法律秩序的“梯井结构（stairwell structure）”[①]，凯尔森继承并发展了梅尔克的法律位阶说。他在论述

① Zoran Jeli，*A Note on Adolf Merkl's Theory of Administrative Law*，Facta Universitatis series：Law and Politics，Vol.1：2（1998），p.149.

“规范等级体系”这一内容时指出，只要一个法律规范决定着创造另一个规范的方式，而且在某种范围内，还决定着后者的内容，那么，法律就调整着它自己的创造。法律规范之所以有效力是因为它是按照另一个法律规范决定的方式被创造的，因此，后一个规范便成了前一个规范效力的理由。决定另一个规范的创造的规范是高级规范（superior norm），根据这种调整而被创造出来的规范是低级规范（inferior norm）。[①] 我国学者对如何识别法律位阶分歧较大，综合比较后，本节判断相应法律位阶的主要方式为（参见表 10）：

首先，“位阶通常与法律渊源制定机关的级别相对应”[②]，故而将制定机关的层级确定为形式标准；其次，以合法性审查权为划分位阶的实质标准。根据此标准，能够将宪法、法律、行政法规这些中央立法成果识别为市级立法的上位法，这点已经在理论、规范、实务层面取得了共识。但是，在地方立法体系内部，如何划分省级权力机关同市级权力机关立法成果之位阶，还需要进一步分析。

表 10　划分法律位阶的不同标准

类别	具体标准	评价
标准一[③]	立法主体地位 立法程序限制	除宪法外，其他法律的立法程序严格程度类似，难以甄别
标准二[④]	制定机关地位 立法权性质	以人民利益的层次和范围为主要甄别依据，因利益的不确定性而难以区分操作

① [奥]凯尔森：《法与国家的一般理论》，沈宗灵译，中国大百科全书出版社 1996 年版，第 141—142 页。

② [德] 汉斯·J. 沃尔夫等：《行政法》，高家伟译，商务印书馆 2002 年版，第 279 页。

③ 张根大：《法律效力论》，法律出版社 1999 年版，第 169 页。

④ 杨忠文、杨兆岩：《法的效力等级辨析》，载《求是学刊》2003 年第 6 期。

续表

类别	具体标准	评价
标准三[①]	权力的等级性 事项的包容性 权力的同质性	推导出行政法规同地方性法规同位阶结论，与我国现行规定不符，难以自圆其说
标准四[②]	形式标准：制定机关地位 实质标准：能否行使合法性审查	相对较为科学，也是本书采纳的立场

虽然从形式标准上看，省级权力机关之地位自然高于市级权力机关，似乎相应立法成果之位阶已经十分清晰了，但现实中关于此问题却多有争议。争议起源于《立法法》制定之初，在《立法法草案（专家建议稿）》当中，原本设置了第 104 条，专门对省级权力机关立法成果和市级权力机关立法成果的位阶关系作出规定："省、自治区的地方性法规的效力高于本省、自治区人民政府所在地的市和经国务院批准的较大的市的人大及其常委会制定的地方性法规。"[③]但最终于2000年通过的《立法法》正式文本却将此款规定整体删去了，这就使得省市两级地方性法规之间究竟位阶如何，一直未得到规范层面的正式确认。实务界对于此问题看法各异，权威部门随后出台的相关解释也并未对此问题作出明确解答。[④]虽然 2015 年《立法法》的修订仍旧未明确规定两者的位阶安排，但就位阶而言，省级权力机关的立法成果

① 胡玉鸿：《试论法律位阶划分的标准——兼及行政法规与地方性法规之间的位阶问题》，载《中国法学》2004 年第 3 期。

② 顾建亚：《法律位阶划分标准探新》，载《浙江大学学报》2006 第 6 期。

③ 李步云主编：《立法法研究》，湖南人民出版社 1998 年版，第 28 页。

④ 张春生主编：《中华人民共和国立法法释义》，法律出版社 2000 年版，第 236、242 页。

理应高于市级，也即，市级立法除了要受到中央法律法规限制之外，还不得同地域所属的省级权力机关立法成果产生冲突。原因在于：

第一，从制定主体上看，市级地方性法规的制定主体是市级人大及其常委会，而非省级人大常委会。有学者以市级法规需省级批准为依据，认为省级人大事实上享有的是制定权而非批准权，由此质疑市级法规位阶是否低于省级法规。在此我们并不赞同这一观点，而是倾向认为省级人大行使的并非制定权，而是一种事前的立法监督权。真正行使市级立法权的主体仍旧是市级人大及其常委会。第二，从《立法法》具体文本上看，虽然并未正面说明两者的位阶，但却在第 72 条中言明，市级立法主体要“在不同宪法、法律、行政法规和本省、自治区的地方性法规相抵触的前提下，……制定地方性法规”，这其实从侧面说明了省市两级立法成果之间可能存在的矛盾冲突为“抵触”情形，而非同位法的“不一致”情形，故而这种措辞也体现了两者的位阶高低。第三，《立法法》第 97 条的规定说明，省级人大能够撤销其常委会制定和批准的不适当的地方性法规。由于市级地方性法规需要经过省级人大常委会批准，因此，省级人大其实就具有了在一定情况下撤销市级立法的权限。我们认为，既然《立法法》第 72 条将“是否抵触”规定为省级人大常委会是否批准市级立法的条件，那么，其自然也能成为启动撤销机制的条件。也即，无论是从权限还是依据上看，两者之间撤销机制的存在，都从侧面印证了它们之间的位阶情况。

综上，市级立法受到“不抵触”这一外部限制，而具体不可抵触的上位法范围是：宪法、法律、行政法规、省级法规。

小　结

本章承接前文内容，对扩容之后的市级立法权配置情况进行全面展现。对我国法律制度层面的市级立法权内容与边界进行了梳理，发现市级立法权受制于内外双重限制，就内而言，市级立法权需要同时符合地方性事务、立法事项限定，就外而言，又不能出现立法内容相抵触的情形。这些限定虽然符合对市级立法权配置的功能需求，但同时也存在一些弊端。市级立法权的地方性事务范围难以界定，具体可立法事项方面又存在较大的解释空间，不可抵触的上位法繁多、极易变动且具体判断标准较难掌握。统观当下立法权配置情况能够发现，虽然致力于厘定清晰的权限边界，但相关的制度情况却并不能令人满意。总结而言，目前的制度设计从一种变法者的外部视角出发，希望通过明晰市级立法权内容及边界的方式，实现对立法权的合理配置，但经论证发现，当下模式其实并不能较好地匹配改革初衷，未来需要对立法权配置进一步优化。但问题在于，从哪些具体方面入手，才能真正实现对市级立法制度的切实优化发展？立法是一项实践性极强的专业技术工作，考虑到立法权扩容后已经产生了不少市级立法实践与成果，因此，后文会结合近年来实践情况，针对市级立法展开实证分析，从现实角度，探索优化市级立法的突破点所在。

第三章　市级立法实证分析

市级立法层级的形成代表了国家立法权配置方案的调整，从国家治理现代化以及试验治理视角出发，能够发现立法权的下放具有一定的理论必然性。为了配合立法权格局调整，国家制度层面也作出了相应的变革，第二章对市级立法权属问题的梳理回答了“在当前制度设计中，市级立法权的基本内容与边界如何”这一基本问题。依照相关解释，对市级立法权的边界厘定是为了防范立法权下放后产生地方滥用立法权、立法质量不高等问题。换言之，市级立法的权属设置方案是希望通过划定具体边界的方式，帮助立法者正确行使手中权力，从而助力市级立法产生良好实效。那么，在这一方案下市级立法主体是如何开展立法实践的？相关设计又能否取得预期效果？更进一步而言，依循当前的制度建构，地方立法的整体质量能否获得提升，从而摆脱“一放就乱”的魔咒？这些问题都需要在相关实践成果中找到答案。因此，经过长期持续性调研，在对《立法法》修改后的市级立法实践情况，以及产生的立法成果进行统计分析的基础上，希望以客观现实来回答前述各类疑问。

第一节　市级立法实践状况总览

根据北大法宝数据库统计，目前由市级立法主体所制定的，现行有效的地方性法规已有5500余部，[①] 加上《立法法》带来的立法主体扩容效果，未来几年的市级立法规模将会持续扩张，市级立法也将一改旧市原本立法零散的局面，逐步成为地方立法体系中一个极具分量的特殊立法层级。但是，相较于地方立法体系中另一重要层级——省级立法而言，市级立法的实际状况更为复杂。这种复杂主要表现为，在目前的市级立法层级中，仍旧存在着旧市和新市[②] 两个不同角色。造成这一复杂局面的直接原因则是新《立法法》对于地方立法权的再次配置，诚然，两大角色之间的不一致应归属于旧法遗留问题，从发展的眼光看，未来两大角色仍需要归属于“设区的市”[③] 这一统一主体下，依照新《立法法》的要求制定地方性法规。但是这并不能抹杀“旧市”原本的立法成果与立法经验。因此，当下在分析市级立法实践情况时，还是需要将旧市、新市两者区别开来，分别考察。并且，在考察两大角色各自现状的同时，也需要注意两者之间是否存在关联，以及在何种程度上存在关联。也即，新增的设区市的地方性法规数量增长情况与制定类型如何？同原有较大的市制定的地方性法规相比，有无相似性或关联性？等等。这些问题都需要得到解答。

---

① 由于大部分市立法成果公开做得不太不完善，我们无法从人大网站等官方渠道取得完全准确的数据，故此数据取自北大法宝数据库收录。北大法宝将地方性法规区分为“省级、设区的市、经济特区、自治条例和单行条例”四类，归类于“设区的市”条目下的现行有效地方性法规为5521部。有鉴于该数据库可能存在一些小规模的重复录入或遗漏误差，因此，此数目仅供研究参考，不具有权威意义，该数据取得时间为2020年3月20日。本书中关于市级立法成果的数据和信息均来源于北大法宝，特此说明。

② 虽然新《立法法》中采用的是“设区的市”这一笼统概念，但为了和原有“较大的市”进行区分，在本书中统一将《立法法》修订后取得地方立法权的市，称为新市，而原本已经进行了多年立法实践的“较大的市”，称为旧市。

③ 本书在研究对象部分已经说明，设区的市其实不能涵盖所有享有立法权的市，因为4个不设区的市也有立法权，但考虑到《立法法》的相关表述，运用设区的市指代所有市级立法主体也是合理的。

一、旧市受限、新市赋权

目前，在设区的市这一大的范围内，存在着三类共计 49 个旧市，分别是：(1) 18 个国务院批准公布的市；(2) 4 个经济特区所在地的市；(3) 27 个省级政府所在地的市。在《立法法》修订之前，我国仅有这些地级市才享有地方立法权。依据修订前《立法法》的规定，一般认为，旧市可以出于以下几类原因制定地方性法规："一是法律、行政法规的实施条例、实施办法。二是本地方具有特殊性的事项，不必也不可能制定法律、行政法规的，只能由地方性法规作规定。三是综合运用有关的几个法律、行政法规，有针对性地解决本地方特定问题的地方性法规。四是在有些问题上，改革先在地方试点、试验，制定适用全国的法律、行政法规的条件尚不成熟的，有关地方可以先行制定地方性法规，待有关的法律、行政法规出台后，再相应地加以修改或者予以废止。"[①]

可以看出，《立法法》并未在立法权限方面对其进行具体限定，一般而言，"旧市"在行使地方立法权时，只要遵循了"地方性"原则、"不抵触"原则及相关报批程序即可。换言之，修订前的《立法法》并未从权限方面，对省级立法、市级立法进行区分，较大的市人大除了需要在制定法规后向省级人大履行报批程序外，在可立法事项方面和省级立法并无差异。但修订后的《立法法》打破了这种局面。新《立法法》不仅用"设区的市"取代了"较大的市"这一法律概念，还对市级立法权进行了限制。因此，"旧市"亟需进行一次"立法转型"，对立法事项进行大幅缩减，以适应《立法法》的现行规定，这对已经积累了诸多实践经验的旧市而言无疑是一种巨大挑战。

---

① 杨景宇：《关于立法法和监督法的几个问题》，载《北京人大》2013 年第 6 期。

虽然“旧市”在全国呈不平衡分布，甚至因其标准不明确而受到质疑诟病，但经过多年实践，其早已形成了不容忽视的庞大立法成果群体。经初步统计，现行有效的旧市地方性法规已有 4000 余部，[①] 并且以《立法法》修改为分水岭，产生了数量增长幅度的较大改变。如图 3 所示，2011 年至 2015 年，旧市一直保持着约每年 215 部的均衡增长态势，但从 2016 年开始，《立法法》对旧市的权限调整开始显现影响：近四年（2016—2019 年）旧市的年立法数量相较于权限调整之前，呈现出断崖式下降，目前保持在每月 8 部，每年 99 部的增长速度。

综上，就旧市而言，目前其立法关键词为：权限调整，态势改变。

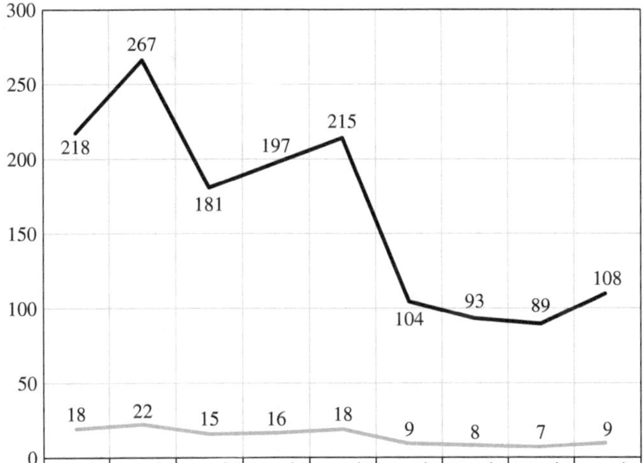

	2011年	2012年	2013年	2014年	2015年	2016年	2017年	2018年	2019年
年增长（部）	218	267	181	197	215	104	93	89	108
月平均增长（部）	18	22	15	16	18	9	8	7	9

图 3　旧市地方性法规年度制定情况（2011—2019 年）

① 具体统计渠道及说明，可见本书第 101 页注释 1，后文凡是涉及地方性法规数量等统计性数据，除有特别说明外，均来自于北大法宝数据库。

《立法法》修改的一大亮点便是赋予全国所有设区市立法权，根据其规定，新市在获得立法权之初就受到了以下几方面限制：首先，在立法权配置方面，市级立法具有内外双重限制；其次，在立法权行使方面，新增设区市需要经过省级人大的考察和批准，明确具体时间和步骤后才可行使立法权；最后，在立法效力方面，市级立法须报省级人大常委会批准后才能施行。结合《立法法》的规定能够发现，对于新市而言，《立法法》对其进行的是有限赋权，综合考虑《立法法》对旧市采取的权限收缩处理，我们能够发现，现行法律对市级立法权的整体态度是“有收有放”：“收”针对的是收回旧市一部分立法权限；“放”表示对新市进行一定程度的立法权赋予。[①] 需要注意的是，不论是“收”还是“放”，市级立法在一定的时间内，都只能在有限的事项范围内开展探索实践。

新市对立法工作投入了极大的热情。根据全国人大法工委统计，截至 2016 年 2 月，虽然开放立法权才短短几个月，但已有 24 个省、自治区作出了确定设区的市行使立法权的决定，近 8 成设区的市的地方立法工作已经步入正轨。[②] 就目前而言，地方立法权虽仅下放不足五年，但各地的立法热情却持续高涨，不少新取得地方立法权的设区市纷纷开展立法活动，在 2019 年 12 月 31 日前已经制定并公布了 1200 余部地方性法规。同旧市的立法成果规模相比，新市的确在数量方面存在一定的差距，但必须承认的是，新市的年平均立法数量一直保持在 300 部左右，并且呈现明显的增长态势，再一次印证了新市对地方立法权的热衷程度。综上，对于新增设区市而言，目前其立法

---

① 必须强调的原因在于，很多媒体、政府乃至学者，都将较多的目光放置在新增设区市取得立法权的角度上，认为新《立法法》对地方立法采取的是放权态度，笔者认为这种观点有待商榷。

② 郑淑娜：《全国 24 个省、自治区决定设区的市行使立法权》，http://www.chinanews.com/gn/2016/03-10/7791344.shtml，2020 年 3 月 1 日访问。

的关键词为：有限赋权，立法积极。

表 11　新市地方性法规制定数量（2016—2019 年）

年份	2016	2017	2018	2019
年增长（部）	253	309	308	361
月平均增长（部）	21	26	26	30

二、立法积极但存在地域差异

据统计，我国所有省份在 2016 年 6 月便确定了辖区内各市开始行使地方立法权的具体时间安排。从 2015 年 5 月 1 日到 2019 年 12 月 31 日，① 共计产生了市级地方性法规 1698 部，② 其中，新市新增立法 1233 部，旧市新增立法 465 部。结合本书第二章分析，目前设区的市能够进行立法的事项可被区分为如下类型：1. 程序类立法：各市有权制定地方性法规，用以规范本地立法相关程序。目前主要以立法条例类为主。2. 实体类立法：属于地方性事务且能够归入《立法法》列明的三类立法事项；少数法律指明市级立法可以进行相关规定的事项。收集到的数据显示，目前在设区的市新增立法当中，新市立法占据了 7 成以上，并且，从类型上看，城乡建设与管理类法规占据了主要分量，其次是环境保护类法规，占据了近 3 成比重，而程序类法规，也即立法条例类法规数量紧随其后，历史文化保护类法规最少，并且

① 将 5 月选为资料收集开始时间是考虑到，首批启动市级立法的省份即是从 5 月开始的，并且，原本的旧市也需要一定时间来消化修法后带来的影响，对后续的立法规划作出妥善安排，因此，我们并未从 3 月 15 日这一修法正式公布时间算起，而是将 5 月定为数据统计的开始时间。

② 考虑到本书研究对象为一般意义上的市级立法行为，故而排除了自治州这些民族自治地方变通立法，在此并未将民族自治州的立法成果统计在内，特此说明。

还存在着一些难以界定的存疑项目。

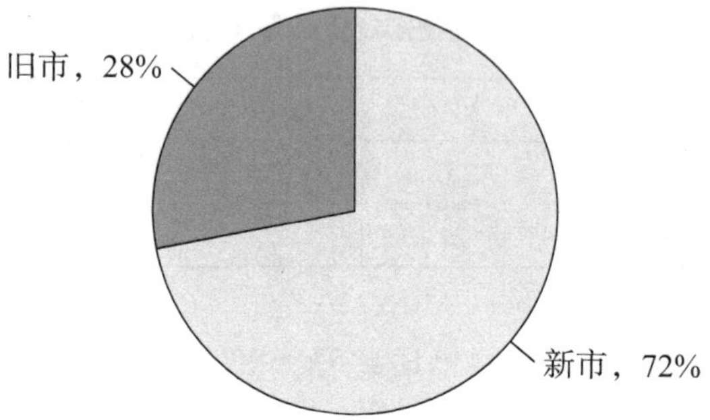

图 4　市级立法整体情况（2015—2019 年）

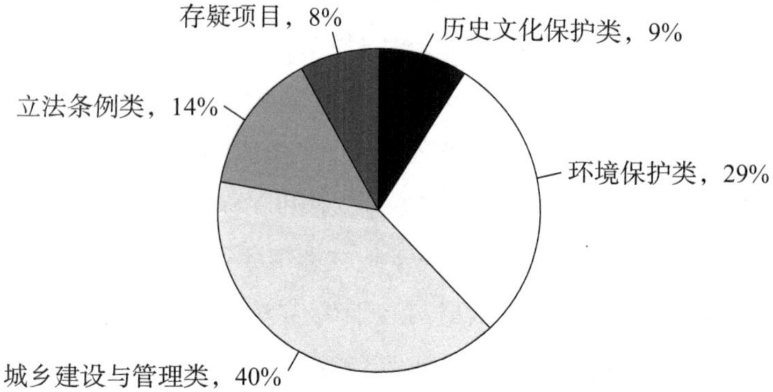

图 5　市级立法类型分布情况（2015—2019 年）

以上只是对市级新增立法情况的简要分析，具体而言，立法情况在不同的地域之间产生了较大的差异。根据国家统计局相关分类标准，我们将具有立法权的市划分为东部、中部、西部三大地带，[①] 其

① 根据经济发展水平和在国家发展中的地位及任务的差异而划分的东部地带、中部地带和西部地带。这种划分因被写入国民经济和社会发展第七个五年计划而成为我国宏观区域政策的重要地域范畴。

中东部为沿海地带，西部为内陆深处地带，中部为两者之间的过渡地带。三大地带的划分主要考虑的是地理位置、地区差异、经济建设基础条件以及经济发展状况。因此，对不同地带立法情况的分析，能够展现出不同地域、经济状况各异的城市的基本立法情况。

表 12　三大地带划分情况

三大地带	具体省份
东部地带	河北、辽宁、江苏、浙江、福建、山东、广东、海南
中部地带	山西、吉林、黑龙江、安徽、江西、河南、湖北、湖南
西部地带	内蒙古、广西、四川、贵州、云南、西藏、陕西、甘肃、青海、宁夏、新疆

经统计，从市级立法权启动时间上看，东部地带各省份确权最早，并且在6个月内所有省份均明确了辖区内各市的立法权行使时间；中部地带开始时间和东部地带基本一致，但各省之间开放时间差异较大，所有省份均确权完毕花费时间最长；西部地带开始时间最晚，确权完毕时间同中部地带保持一致，花费时间居中。并且，三大地带均不同程度上出现了一些集中确权的时间带。

具体如图 6 所示，东部地带的确权时间为 2015 年 3—9 月，并且在 7 月出现了密集确权现象。中部地带除 2015 年 7 月为集中时间外，其他时间段均有确权行为，西部地带则集中于 2015 年 11 月确权。

从立法数量上看，三大地带也呈现出一些差异。总体上看，东部地带在统计时间段内立法数量最多，共计 717 部，中部地带次之，有 553 部，西部地带最少，为 428 部。并且，三大地带的立法数量同时反映了一个重要的数据情况：同一时期内，新市的立法数量要普遍多于旧市的立法数量。

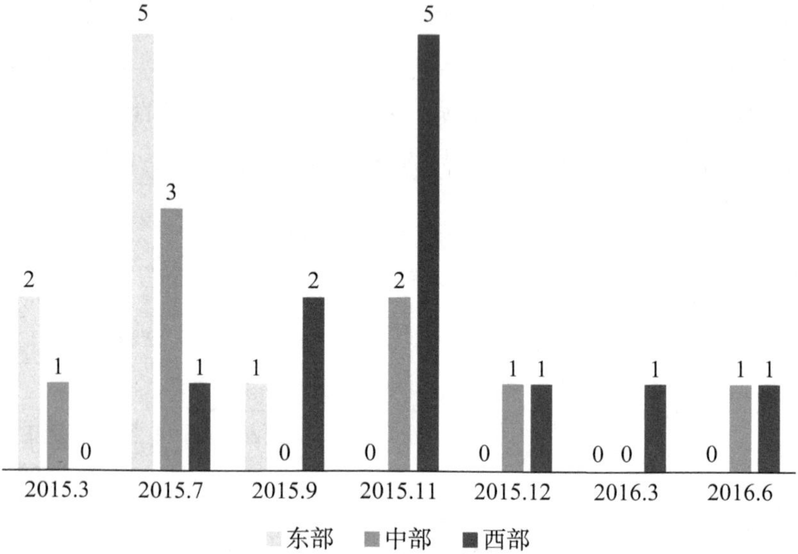

图 6　设区的市确权时期情况

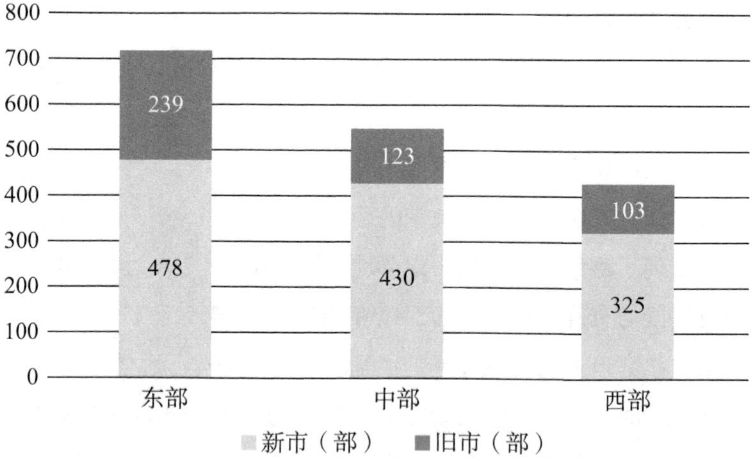

图 7　三大地带立法数量新—旧市分布情况

综上，从立法启动时间以及新增立法数量上能够看出，三大地带之间存在一定差异，这种差异的总体表现为，无论是从确权效率还是立法数量上看，东部8省均显著领先于中、西部19省。东部地带的立法积极性、立法步伐要优于中、西部地带。

第二节　市级立法实践正面效应

一、积极立法体现扩容现实意义

《立法法》修改后的地方相关实践，能够从侧面印证各城市对于立法权下放，市级立法主体扩容的莫大热情。这一结论并非没有根据，根据收集到的实证数据，我们可以从立法数量、确权启动时间及模式、市级立法效率上对该结论进行证明。

市级立法积极的最直接体现即为，立法主体扩容后新增立法成果较多。从统计数据上能够看出，修法前市级立法成果主要靠旧市贡献，而旧市在修法前立法数量的均值为年均215部，5年内预估可增加约1075部市级立法成果。但修法后，在我们的统计时间段内（2015年5月1日到2019年12月31日），市级立法约4年半内就产生了1698部地方性法规，这还是在旧市年均立法数量减半的情况下得出的数据（见图3），修法后市级立法成果显著增多。除了立法数量外，地方对立法权的高涨热情还体现在具体的启动效率方面。《立法法》第72条第4款要求省级人大“综合考虑本省、自治区所辖的设区的市的人口数量、地域面积、经济社会发展情况以及立法需求、立法能力等因素确定，并报全国人民代表大会常务委员会和国务院备案”。法工委对此解释，该条款的存在说明市级立法权的启动采取的是“稳步推进”模式。从2015年5月到2016年2月，各地省级人大“分批”审核通过了214

个设区市的地方立法权，完成了约 8 成的任务量。2016 年年底，全国仅剩 5 个设区的市未获得省级人大明确授权。2018 年 1 月 1 日，西藏自治区山南市正式有权制定地方性法规，标志着我国市级立法权的下放工作已全部完成。省市对于地方立法权下放的积极承接，也佐证了各地对于立法权抱有极大热情，呈现立法积极态势。具体体现在，一方面，各省之间开放时间间隔小，市级立法权启动的推进进程快。另一方面，具体启动模式多样化，体现了各地不同的承接工作进展。经分析发现，《立法法》要求根据各个地级市的诸多因素，全面考虑各个市的具体情况，逐步启动市级立法，现实中，各省根据辖区内城市实际状况，采用了“全面放开、分批放开”相结合的方式，并且，无论采用哪种启动方式，不少省份都选择根据辖区内城市实际状况，以附时间条件或事实条件的方式，对市级立法权的开放进行了区别化对待，在积极确权的同时，兼顾各地的立法条件及立法需求状况。

表 13　各省份启动市级立法时间统计[①]

时间	数目	具体省份
2015 年 5 月	3	安徽、广东、海南
2015 年 7 月	9	福建、广西、河北、河南、湖北、吉林、江苏、山东、浙江
2015 年 9 月	3	贵州、辽宁、陕西
2015 年 11 月	7	甘肃、江西、内蒙古、宁夏、山西、西藏、云南
2015 年 12 月	2	湖南、四川
2016 年 3 月	1	新疆
2016 年 6 月	2	黑龙江、青海

① 首次启动意味着省级人大正式作出决定，安排辖区内设区市实施地方立法权的具体时间，以省级人大的决定发布日期为准。

表 14　各省份启动模式比较

模式		省份	间隔	附条件情况
同批次全面开放		福建	*	*
		甘肃	*	*
		辽宁	*	*
		内蒙古	*	*
		湖北	*	*
		吉林	*	*
		陕西	*	*
		青海	*	同批启动但附时间条件①
		山东	*	同批启动但附时间条件②
		山西	*	同批启动但个别市附条件③
分批次开放④	两批次	贵州	3 个月	*
		海南	2 个月	*
		河南	4 个月	每批内均要求个别市以“设立法制委员会”为条件
		河北	8 个月	*
		广西	6 个月	*
		江苏	6 个月	*
		江西	4 个月	*
		宁夏	4 个月	*
		湖南	4 个月	*

① 其中，3 市（州）附时间条件为“自 2016 年 7 月 1 日起可以开始制定地方性法规”，4 州为“自 2016 年 12 月 1 日起可以开始制定地方性法规”。

② 时间条件为：9 市自 2015 年 8 月 1 日起可以制定地方性法规，5 市自 2015 年 12 月 1 日起可以制定地方性法规。

③ 5 市需达到条件：“依法产生法制委员会”，2 市需省人大常委会评估确定后方可制定。

④ 批次以省级人大发布决定的数目为准，针对市级立法启动发布 2 个决定即为 2 个批次，以此类推。

续表

模式		省份	间隔	附条件情况
分批次开放	两批次	四川	8 个月	*
		云南	5 个月	第二批次要求个别市以“设立法制委员会”为条件
		浙江	2 个月	*
		黑龙江	6 个月	*
		西藏	24 个月	两批次对每个地级市均设置了不同时间条件[①]
	三批次	安徽	均为 4 个月	*
		广东	1–2 批：4 个月 2–3 批：3 个月	*
	七批次	新疆	1–2 批：2 个月 2–3 批：7 个月 3–4 批：1 个月 4–5 批：6 个月 5–6 批：2 个月 6–7 批：2 个月	*

除了前述分析的省级确权效率高之外，普遍获得立法权的新市在立法权行使方面也十分积极。对新市获得授权后出台首部市级法规的时间进行统计后发现，不同城市在获得立法权后开展立法工作的进程各异，有的城市仅用 2 个多月便制定、通过并颁布了地方性法规，[②] 并

---

① 其中，第一批次（2015 年 11 月）：日喀则市自 2016 年 3 月 1 日起开始制定地方性法规，昌都市自 2016 年 5 月 1 日起开始制定地方性法规，林芝市自 2016 年 7 月 1 日起开始制定地方性法规。第二批次（2017 年 11 月）：山南市自 2018 年 1 月 1 日起开始制定地方性法规。

② 这里的时间统计并未涉及各市颁布的立法条例类的程序性法规，因为新市多将立法条例类法规作为地方立法首选，但立法条例类法规其实模式化极强，各地的雷同性极大（具体可见后文立法重复部分分析），所以，在此对立法所需时间的考察仅考察了实体性法规，因为实体性法规的地方特色更强，需要投入更多的立法时间成本，具有较大的参考价值。

且从立法权行使角度来看，东部地区的整体立法步伐依旧快于中西部地区，但总体上各地的时间差异不大，均呈现出积极立法的态势。

表 15　各省市级地方性法规制定效率比较①

地区	效率：省份（立法所需时间）
东部地带	海南（2.5 个月）②；江苏（3 个月）③；浙江（4.5 个月）④；广东（6.5 个月）⑤；辽宁（7 个月）⑥；山东（12 个月）⑦；福建（13 个月）⑧；河北（15 个月）⑨

① 这里的制定效率选取的两个关键时间点是某市获得省级人大常委会确定开始行使立法权的时间，以及该市首部市级立法制定并经本级人大通过的时间。也即，基本的统计方式是，计算确定行权时间与首部立法通过的时间差。另外，出于统计的考虑，在此仅对每省立法所需时间最短的市进行列明，并不进行一一列举。

② 制定所需时间最短的法规为《三亚市白鹭公园保护管理规定》，2015 年 8 月 20 日三亚市人大通过，三亚市于 2015 年 6 月 1 日获得立法权。

③ 制定所需时间最短的法规为《镇江市金山焦山北固山南山风景名胜区保护条例》，2015 年 10 月 30 日镇江市人大通过，镇江市于 2015 年 7 月 31 日获得立法权。

④ 制定所需时间最短的法规为《嘉兴市秸秆露天禁烧和综合利用条例》，2016 年 2 月 19 日嘉兴市人大通过，嘉兴市于 2015 年 9 月 30 日获得立法权。

⑤ 制定所需时间最短的法规为《佛山市历史文化街区和历史建筑保护条例》，2015 年 12 月 18 日佛山市人大通过，佛山市于 2015 年 5 月 28 日获得立法权。

⑥ 制定所需时间最短的法规为《铁岭市饮用水水源保护条例》，2016 年 4 月 28 日铁岭市人大通过，铁岭市于 2015 年 9 月 25 日获得立法权。

⑦ 制定所需时间最短的法规为《威海市城市风貌保护条例》，2016 年 7 月 21 日威海市人大通过，威海市于 2015 年 7 月 24 日获得立法权。

⑧ 制定所需时间最短的法规为《泉州市海上丝绸之路史迹保护条例》，2016 年 8 月 26 日泉州市人大通过，泉州市于 2015 年 7 月 18 日获得立法权。

⑨ 制定所需时间最短的法规为《保定市城市市容和环境卫生条例》，2016 年 11 月 10 日保定市人大通过，保定市于 2015 年 8 月 1 日获得立法权。

续表

地区	效率：省份（立法所需时间）
中部地带	山西（3个月）[①]；安徽（6个月）[②]；湖南（6.5个月）[③]；河南（7个月）[④]；江西（11个月）[⑤]；湖北（13个月）[⑥]；吉林（13个月）[⑦]；黑龙江（16个月）[⑧]
西部地带	新疆（1个月）[⑨]；云南（6个月）[⑩]；宁夏（8个月）[⑪]；广西（8.5个月）[⑫]；

---

① 制定所需时间最短的法规为《运城市关圣文化建筑群保护条例》，2016年2月22日运城市人大通过，运城市于2015年11月26日获得立法权。

② 制定所需时间最短的法规为《宿州市城镇绿化条例》，2015年11月26日宿州市人大通过，宿州市于2015年5月21日获得立法权。

③ 制定所需时间最短的法规为《郴州市苏仙岭—万华岩风景名胜保护条例》，2016年6月28日郴州市人大通过，郴州市于2015年12月4日获得立法权。

④ 制定所需时间最短的法规为《商丘古城保护条例》，2016年6月28日商丘市人大通过，商丘市于2015年11月26日获得立法权。

⑤ 制定所需时间最短的法规为《九江市城区烟花爆竹燃放管理条例》，2016年10月17日九江市人大通过，九江市于2015年11月20日获得立法权。

⑥ 制定所需时间最短的法规为《黄石市工业遗产保护条例》，2016年8月30日黄石市人大通过，黄石市于2015年7月30日获得立法权。

⑦ 制定所需时间最短的法规为《四平市城乡规划监察条例》，2016年8月31日四平市人大通过，四平市于2015年7月30日获得立法权。

⑧ 制定所需时间最短的法规为《黑河市市容和环境卫生管理条例》，2017年8月25日黑河市人大通过，黑河市于2016年6月17日获得立法权。

⑨ 制定所需时间最短的法规为《吐鲁番市林木保护管理条例》，2017年2月25日吐鲁番市人大通过，吐鲁番市于2017年1月31日获得立法权。

⑩ 制定所需时间最短的法规为《临沧市古茶树保护条例》，2016年8月30日临沧市人大通过，临沧市于2016年3月1日获得立法权。

⑪ 制定所需时间最短的法规为《石嘴山市饮用水水源保护条例》，2016年7月22日石嘴山市人大通过，石嘴山市于2015年11月26日获得立法权。

⑫ 制定所需时间最短的法规为《百色市百色起义文物保护条例》，2016年8月18日百色市人大通过，百色市于2016年1月1日获得立法权。

续表

地区	效率：省份（立法所需时间）
西部地带	四川（8.5 个月）[①]；西藏（11 个月）[②]；内蒙古（11 个月）[③]；陕西（12 个月）[④]；贵州（13 个月）[⑤]；甘肃（17 个月）[⑥]；青海（24 个月）[⑦]

市级立法在立法数量、启动模式、立法效率方面的数据表明，面对地方（市级）立法主体扩容，各地均对其保持了较高的接受程度与拥护热情，毕竟立法权对于城市的发展具有重要意义。虽然第一章的理论分析也证明了，市级立法主体扩容符合历史发展基本逻辑，依照国家治理现代化以及试验治理相关理论的阐释，立法事权纵向配置对于我国具有较大的治理价值，收集到的实证数据则从现实角度充分说明了，该项举措得到了地方的积极响应。不过，也有一些学者认为，各地立法热情高涨背后可能会蕴含一定的风险，[⑧] 这类担忧的确有一定道理，但必须注意的是，如果《立法法》确立的主体扩容方案并未

① 制定所需时间最短的法规为《绵阳市城市市容和环境卫生管理条例》，2016 年 9 月 29 日绵阳山市人大通过，绵阳市于 2015 年 12 月 3 日获得立法权。

② 制定所需时间最短的法规为《日喀则市市容和环境卫生管理条例》，2016 年 10 月 28 日日喀则市人大通过，日喀则市于 2015 年 11 月 26 日获得立法权。

③ 制定所需时间最短的法规为《呼伦贝尔市城市市容和环境卫生管理条例》，2016 年 10 月 21 日呼伦贝尔市人大通过，呼伦贝尔市于 2015 年 11 月 25 日获得立法权。

④ 制定所需时间最短的法规为《渭南市湿地保护条例》，2016 年 11 月 8 日渭南市人大通过，渭南市于 2015 年 9 月 30 日获得立法权。

⑤ 制定所需时间最短的法规为《遵义市市辖区集中式饮用水水源保护条例》，2016 年 8 月 31 日遵义市人大通过，遵义市于 2015 年 9 月 25 日获得立法权。

⑥ 制定所需时间最短的法规为《庆阳市禁牧条例》，2017 年 5 月 24 日庆阳市人大通过，庆阳市于 2015 年 11 月 27 日获得立法权。

⑦ 制定所需时间最短的法规为《海东市城市管理条例》，2018 年 6 月 27 日海东市人大通过，海东市于 2016 年 7 月 1 日获得立法权。

⑧ 郑磊：《设区的市开始立法的确定与筹备》，载《学习与探索》2016 年第 7 期。

在地方得到响应，那么后续所期望的助推城市发展、完善城市治理等目的均难以得到实现，因此，在看到可能存在风险的同时，必须清醒地认识到，数据显示出的地方积极立法状态，其实就是对主体扩容方案具有较高现实意义的最佳注解，对于城市而言，市级立法主体的扩容是一次贴近地方需求的立法体制改革，如果在地方层面得到的反映寥寥，就需要对扩容方案的现实价值进行深刻反思。因此，保持清醒认识尤为必要，但同时不能抹杀城市积极立法的正面效应。

二、立法事项限定倒逼立法特色提升

提升立法特色是增强地方立法针对性、优化地方立法质量的主要途径，换言之，地方立法需要思考如何针对当地具体事务进行立法，而非单纯地将自身定位成上位法的细化执行者。立法主体扩容后为市级立法增设的事项限定，在一定程度上对城市立法起到了指引作用。也即，原本宽广的地方性事务范围受到了二次限定，具体立法事项的规定在限定权限的同时，也倒逼市级立法主体只能在有限的事项类别中进行立法。如果想要对立法权进行充分运用，就必须在既定事项中选择相对更具针对性的立法项目。盲目地进行宽泛立法，不仅会造成对立法资源的浪费，也会增加触犯上位法的风险，[①] 因此，结合城市特色，深耕立法需求，在立法事项上实现针对性选择，成为主体扩容后市级立法的主要选择。这一理念在实践中也有所体现，当下市级立法实践中出现了一些颇能体现城市特色的立法成果，且主要集中出现于历史文化保

① 对上位法的触犯主要体现在，主体扩容后《立法法》明确规定，上位法有相关规定的，下位法不作重复规定，市级立法层级最低，上位法范围最广，如果仍旧选择较为泛化的立法项目，容易在条文上同上位法产生重复问题。

护类法规之中。虽然从占比整体上看，历史文化保护类法规相对较少，仅有156部，占据了统计时间段内立法成果的9%，但从图8中可以看出，历史文化保护类法规呈现出极大的聚集性：8成多的法规都是新市所立。并且，从地域分布上看，三地带之间数值差异较小，东部地区立法数量虽然依旧领先，但西部地区在该领域内的立法成果超过了中部地区。

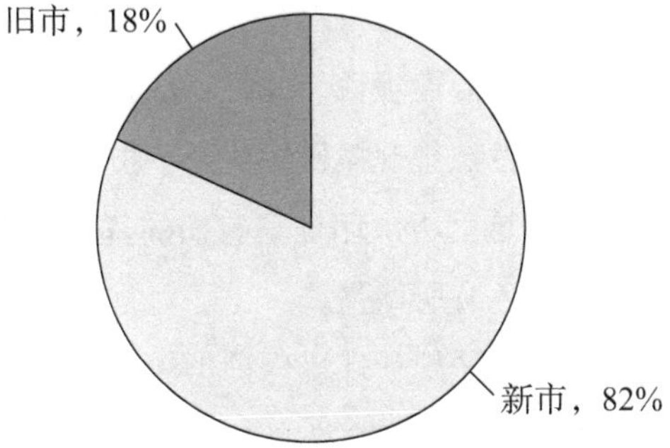

图8 历史文化保护类法规构成情况

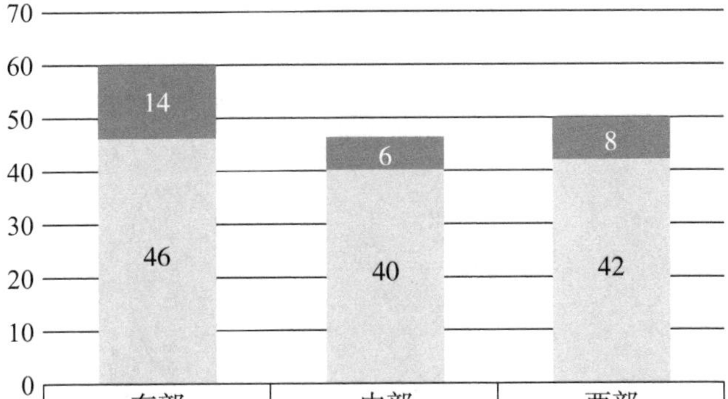

	东部	中部	西部
■旧市（部）	14	6	8
新市（部）	46	40	42

图9 历史文化保护类法规地域分布情况

为何将历史文化保护类法规立法特色联系起来？这是考虑到，每个城市都具有独特的人文风情，历史、文化就是城市特色的最佳名片。

毕竟，该类法规因立法事项极具个性，往往具备了其他城市无法复制的特点，例如，《镇江香醋保护条例》《泉州市海上丝绸之路史迹保护条例》《运城市关圣文化建筑群保护条例》《芜湖铁画保护和发展条例》等。反观主体扩容之前的立法实践，从 2011 年 1 月 1 日到 2015 年 4 月 30 日，[①]5 年多的时间内只产生了 19 部历史文化保护类法规，即便当中也存在一些个性化项目，但仍旧不乏以“文物保护”“非物质文化遗产保护”等命名的一般性项目。并且，从总量上看，扩容后 4 年多产生的文史类城市特色法规规模已经达到了扩容前 5 年时间产生的法规总量的 8 倍之多，这就再次印证了我们的基本判断：扩容后市级立法的地方（城市）特色有所增强。

除了历史文化保护类法规，环境保护类法规也呈现出一定的地方特色。经统计，环保类立法占据立法总量的 29%。并且，在 489 部法规当中，立法数量不仅呈现出由东向西的阶梯递减变化，还在新市出现了大规模的聚集性立法。

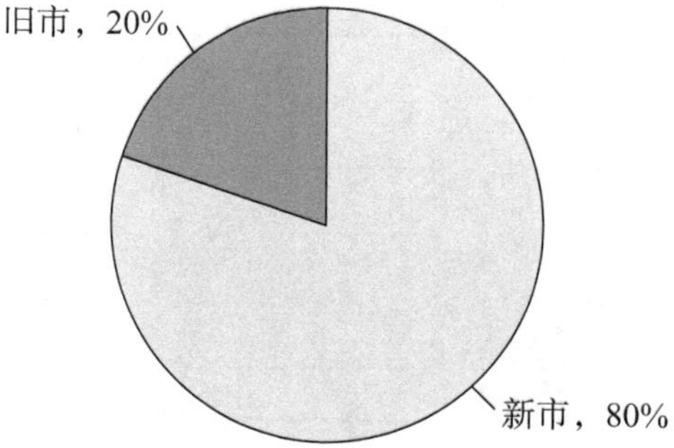

图 10　环境保护类法规构成情况

① 本文的统计数据均始于 2015 年 5 月 1 日，因此，考虑到时间回溯也需要具有延续性，在此对扩容前情况的考察便将统计终止时间界定为 2015 年 4 月 30 日，这也是为何没有以自然年为统计时间的主要考虑。

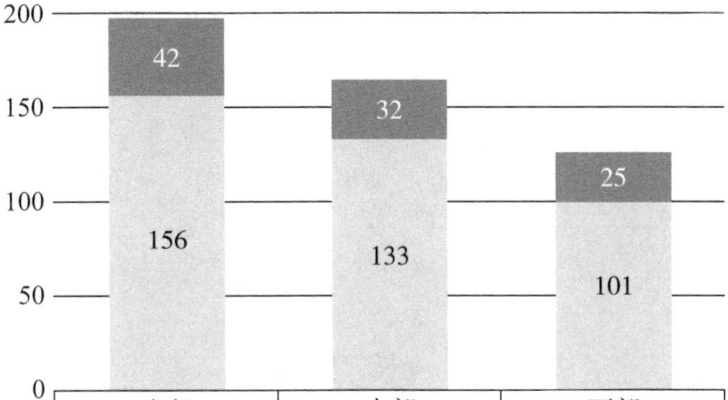

	东部	中部	西部
■旧市（部）	42	32	25
■新市（部）	156	133	101

图 11　环境保护类法规地域分布情况

不过，环境保护类法规当中还是存在一些普遍的立法项目，例如以“环境保护”“水环境保护”“饮用水源保护”“大气污染防治”等关键词命名的法规。但也出现了一些具有地方城市特色的风景名胜、山川河流类自然资源的针对性立法，例如：《济宁市泗河保护管理条例》《舟山市国家级海洋特别保护区管理条例》《湛江市湖光岩风景区保护条例》《连云港市海洋牧场管理条例》《焦作市北山生态环境保护条例》等。以城市特色体现较强的风景、名胜、景区类立法为例，据统计，主体扩容前 5 年内的相关法规仅 5 部，而在主体扩容后仅 1 年多，就已经产生了 10 部相关法规，这些数据均体现了主体扩容后，市级立法在探索更具针对性、更有特色立法项目上作出的努力。

三、立法成果助力城市规范化治理

（一）立法程序规范化

此次统计中，以立法条例为代表的程序性法规共计 232 部，占据了总体法规的14%。但需要注意的是，近五年来新增的程序性法规9成以上都是由新市制定的，旧市在此类立法事项方面产生的新增法规相对较少（见图12）。并且，其他立法事项中体现出的地域差异性问题，在该类立法事项方面并未出现，东、中、西部地区表现较为均衡(见图13)。

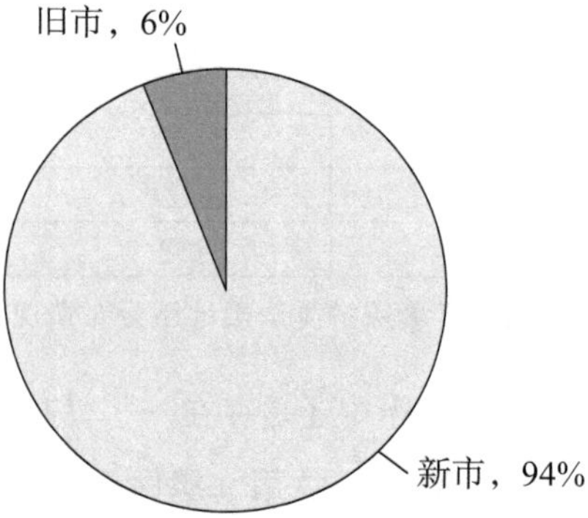

图12　立法条例类法规构成情况

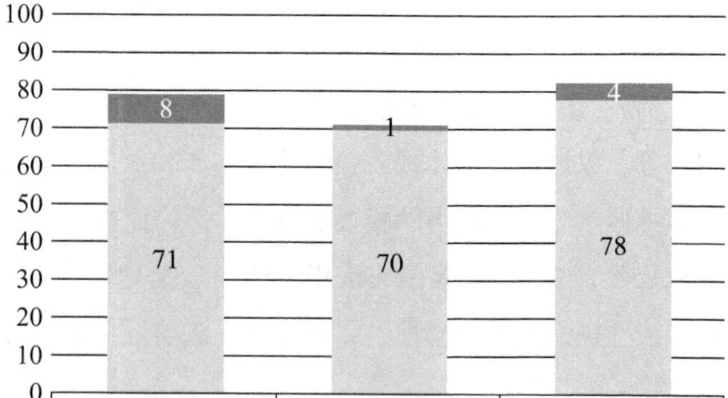

	东部	中部	西部
■旧市（部）	8	1	4
■新市（部）	71	70	78

图13　立法条例类法规地域分布情况

大量立法程序类法规的出现说明，越来越多的城市意识到程序规范性的重要意义。此次主体扩容使得各个城市收获了宝贵的立法权，它们在今后的治理活动中具备了有法可依的根本性前提，而立法程序类规范则能够为后续地方各项立法工作有序、科学地开展提供基本保证。试想，如果缺乏对立法程序的明晰规定，市级立法，尤其是缺乏立法实际经验的新市，将会显得无所适从，毕竟科学的程序设计以及严格地遵循立法程序，是提升地方立法质量水平的重要方式之一。另外，立法程序类规范在新旧市之间的数量差异，也体现了新市在获权后较为谨慎，毕竟程序类规范可参照的上位法一般都较为明晰，架构难度相对较小，这也是立法条例成为绝大多数城市的立法权试水首选的原因之一。从数据上看，现有的程序类立法集中出现在 2016 年，该年度颁布的立法程序类法规占据了整体数目的 55%，2017 年颁布的相关项目以 29% 的占比次之，这一点同前文统计的各省份确权时间和方式有直接关联（见表 13、表 14）。并且需要指出的是，虽然该类型目前主要以立法条例为代表，但也陆续有少数的“公众参与立法”等程序性法规出现，因此，即便目前绝大多数城市已经制定了立法条例，未来程序类法规仍旧有较大的探索空间存在。

（二）城市治理规范化

统计发现，在几类市级立法项目中，城乡建设与管理类立法数量最为庞大，共计 675 部，占据本次统计的新增立法总数的 40%。从数据中得知，新市、旧市均对该类法规投入了较大关注，虽然新市立法数量仍旧优于旧市，但相较于历史文化类、环境保护类立法的巨大比例优势而言，旧市对城乡建设与管理类的立法的关注程度相对较高。但是，在其他类型中存在的立法数量地域区分在城乡建设与管理类法规中仍旧存在，东部地区以 290 部立法占据了该类法规数量 4 成之多，中部地区略低于东部地区，制定法规 239 部，西部地区则同其余两者的数量差距较大，仅制定了 146 部。

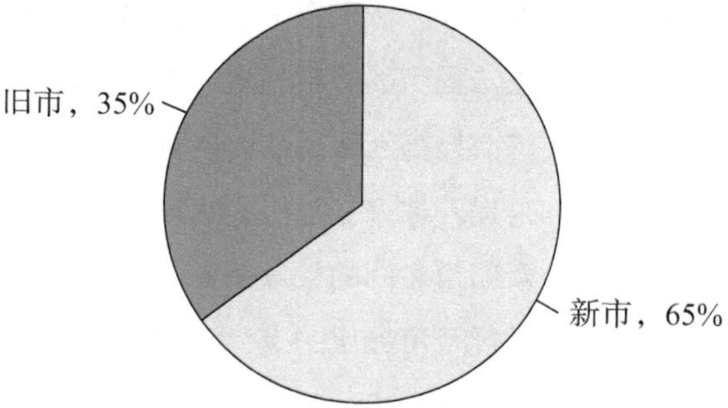

图 14　城乡建设与管理类法规构成情况

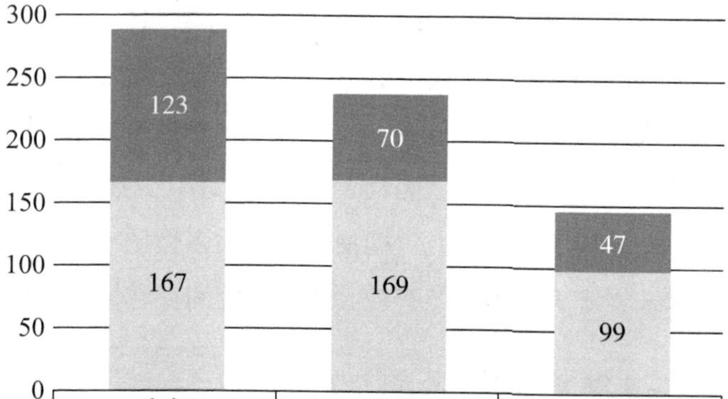

	东部	中部	西部
旧市（部）	123	70	47
新市（部）	167	169	99

图 15　城乡建设与管理类法规地域分布情况

经过分析发现，城乡建设与管理类法规成为当下市级立法的热点领域。出现这种情况是因为：第一，我国目前在规范意义上并未对城乡建设与管理进行严格界定，前文也曾分析过，该类立法事项弹性最大，也即，只要是同城乡建设、管理相关的事项均能划入该领域当中。即便我们采纳了严格解释的立场，但相对环保与历史文化保护而言，该类事项的范围仍旧显得较为宽泛。第二，城乡建设与管理类法规容易同环境保护类法规有所交叉。但考虑到环境保护类法规较好识别，因此，此处将典型体现环保的法规归入了环保类，例如带有水环境保护、森林防火、大气污染、水源保护、海洋保护、资源保护、风景名胜保护等关键词的法规。将一些兼具环保和城乡建设管理，但管理意味更浓的法规划入了城乡建设、管理类，例如带有城镇绿化、城市用水/供热、市容卫生管理、垃圾治理、规划建设等类似字样的法规。综上，在这种分类下，属于城乡建设、管理类的法规无论涉及的具体内容如何，都具备一个共同特点：聚焦于城市治理问题。也即，相关法规占比较大，其实说明了各地出现的基本趋势：通过立法手段，以法治方式对城市问题进行管理，换言之，即通过扩容获得的立法权，实现城市治理的规范化与法治化。例如，2016 年 8 月之前，山东省滨州市在城市供热管理方面，主要依靠的是 2009 年滨州市政府印发的《滨州市供热管理办法（试行）》（以下简称市办法）这一规范性文件。该办法制定的直接依据是山东省政府规章《山东省供热管理办法》（以下简称省办法），通过分析我们发现，市办法对于省办法中规划建设、供用热管理、设施管理等相关规定均进行了细化，增设了投诉建议部分，在法律责任方面写明主要依据省办法第 37、39、40、41 条规定进行处罚。但是，2015 年省办法因相关省级地方性法规的出台被废止，市办法也即失去了省级参照，加之制定年限较为久远，山东省也选择未来以地方性法规而非政府规章的形式对供热问题进行管理。种种因素之下，滨州市在获得地方立法权并制定了《滨州市立法条例》之后，将制定《滨州市供热条例》作为首项实体性立法任务，其目的就是解决相关供热问题在城市治理中所处的管理不规范状态。2016 年 8 月，《滨州市供热条例》正式发布，该条例在原有市办法的基础上，参考了《山东省供热条例》，依旧增设了投诉建议部分，并取消了对法律责任部分的条文安排，规定违反条例行为主要依照省级条例及相关法律法规进行处罚。无论该条例的内容质量、实施效果如何，滨州市在城市立法管理方面的立法行为，表明它们已经走出了城市治理规范化、法治化至关重要的一步，也再次证成了地方立法权对于引领城市规范化法治化治理的莫大助益。

第三节　实践背后的市级立法隐患

一、需求与权限不能完全匹配

（一）存疑项目集中于旧市

《立法法》修订所带来的地方立法权再分配，引起了理论界与实务界的广泛讨论。学界多从中央地方关系法治化角度出发，在肯定地方立法权调整的基础上，分析了这一举措可能带来的风险和机遇。相较之下，实务界则态度各异，“旧市”多从自身立场出发，认为这种变动实为“削足适履”，难以同地方现实相适应；[①] 而对于“新市”，尤其是那些立法需求较为迫切却屡难跻身“较大的市”的地方而言，

① 前文曾述，地方立法权调整对于较大的市而言，限权意味更为明显，在《立法法》修正案几次审议过程中，就有不少较大的市对权限限制条款提出了意见，以广州市为例，作为改革开放的排头兵，更是在审议过程中几次提交意见，申请保持较大的市现有权限不动摇，或者是仅在规章层面保留较大的市原有权限，表达了对限权的种种担忧。详情可见黄丽娜、孙晶：《地方立法权扩容有人欢喜有人忧》，载《羊城晚报》2015 年 3 月 10 日，A4 版。

此次地方立法主体扩容则意味着它们终圆“立法梦”，故而对此调整展现出极大的乐观态度。①

新旧市对市级立法权限制的态度也直观地反映在各自立法实践中。数据分析发现，新市在立法方面的积极性较高，这一点从同一时间段内新旧市在新增立法数量上的差异就能得到体现。②但是，结合对立法类型的考察能够发现，新市整体上呈现出较为谨慎的立法态度，旧市则相对较为开放。之所以作出这一判断，是考虑到现有的市级立法成果中仍旧存在 8% 的存疑项目。也即，至少有 146 部法规是不宜被归入 4 类市级有权立法事项的。为何会有存疑项目？其实对该问题的解答在第二章就进行过详述：修法后立法事项本身具有较大解释空间以及地方性事务的模糊性，决定了市级立法主体在根据自身的需要去进行立法事项选择时，自然会具有较大的选择余地，尤其是在地方立法权调整方案出台后，各地在适应阶段，更容易出现一些模棱两可的立法事项。在本次统计中，即便“城乡建设与管理”具有较大的解释空间，但根据第二章确定的狭义立场，结合当下理论研究成果，我们认为至少有 146 部法规很难被直接归

---

① 2013 年两会期间，南通、温州、东莞、佛山等不少经济发达城市纷纷提出申请，要求被批准成为“较大的市”。它们大部分都不是首次提出申请，温州为“较大的市”已锲而不舍努力了 27 年，佛山前后经历了 10 年的申请生涯，东莞则从 2009 年就走上申请之路，等等。这些城市的申请动力都是为了获得地方立法权，以便为本地区发展保驾护航。

② 前文曾分析过，在我们的统计时间段内，新市立法占据了 7 成以上，旧市仅占据不足 3 成。当然，新市天然在立法主体数量上具有优势，但结合文中对各省明确启动市级立法的时间梳理可以发现，新市虽然群体相对庞大，但有权且能够开展立法的城市数量是逐步增加的，尤其是 2015—2016 年并非所有的新市都能够进行立法或产生立法成果。综合考虑到新市在人员配置、立法经验方面的欠缺，能够看出，在同一统计时间段内，新市是从无到有再到数量爆发的过程，但旧市是立足既往成果经验的发展过程，因此，单纯的主体数量优势并不能抹杀新市的积极立法态度。

入 4 类有权立法事项范围之内。依照现有研究理论以及前文论证，我们倾向于认为主体扩容前，地方立法中涉及的地方性事务类型至少能被划分为：城乡建设管理、环境保护、历史文化保护、政权和法制建设、社会管理、经济管理、资源管理和行政事务等多类，① 依照这一分类逻辑，在调研取样时间段内，旧市许多法规其实都不能被归入“城乡建设与管理”类别中，反而是社会管理、经济管理类的法规占据了一定数量优势。

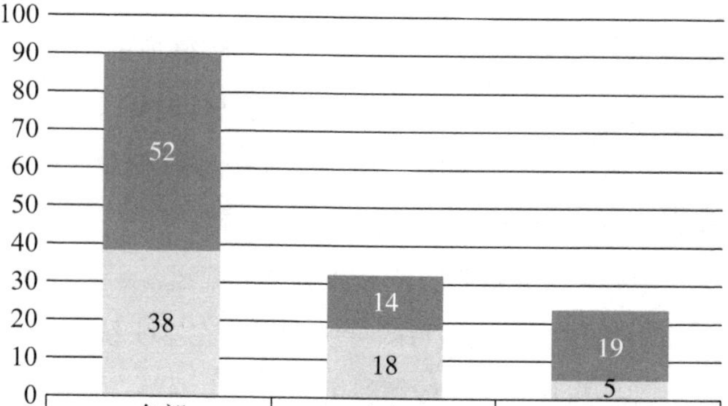

	东部	中部	西部
旧市（部）	52	14	19
新市（部）	38	18	5

图 16　存疑项目地域分布情况

① 这里的分类很大程度上参考了北大法宝数据库采用的分类方式，同时参考了学者相关理论研究，例如俞荣根：《不同类型地方性法规立法后评估指标体系研究》，载《现代法学》2013 年第 5 期；程庆栋：《论设区的市的立法权：权限范围与权力行使》，载《政治与法律》2015 年第 8 期；郑泰安、李红军：《地方立法需求与社会经济变迁——兼论设区的市立法权限范围》，载《法学》2017 年第 2 期。并且，考虑到地方立法针对事项的复杂性，某一法规的内容不可能完全对应或局限于某一具体的事项，因此任何类型的划分都不可避免地会存在交叉重叠，或难以穷尽所有现存法规的问题。

（二）需求多元与空间受限

目前对于立法事项争议较大的类别就是城乡建设与管理类，如何界定哪些事项属于该类内容，具有较大难度。严格来讲，城乡建设与管理事务仅包括城乡规划、城乡公共基础设施建设管理相关内容，但统计中发现了一些国有资产管理、行政绩效管理、经济促进建设、法治建设等方面的立法成果。简单计算下存疑项目占比就能发现，新市存疑项目比例约为 5%（存疑项目 61 部 / 整体 1233 部），旧市存疑项目比例约为 18%（存疑项目 85 部 / 整体 465 部）。侧面印证了新市在立法时较为谨慎，趋向于选择那些争议较少的立法项目，而旧市则相对敢于尝试、探索立法事项范围的限度如何。其实，这类现象的存在也实属正常，一方面，旧市原本就需要时间去适应可立法事项限缩带来的各种影响，原有多年的立法实践使得它们可供拓展的立法空间更显狭窄。另一方面，第二章中也曾分析过，目前对市级立法事项的规定其实是存在较大解释空间的，虽然依据较为严格的立场，将一些法规纳入了存疑项目当中，但实际上，这些项目毕竟也只是“存疑”而已，既然它们已经通过省级人大常委会的批准，就证明了实践中这些立法项目其实是可以被纳入较为宽泛的解释范围当中的。但是，存疑项目的出现却证明了，新旧市对于立法事项的态度大为不同，而造成这一区别的原因即在于新旧市的立法需求存在差异，在承认需求多元化的基础上，为新旧市赋予同样的立法事项限制，势必会在需求与权限之间产生不能完全匹配的问题。

虽然《立法法》将市级立法的事项限定在了有限几类领域内，但事实上各个城市在具体的权力行使过程中也必然是各有取舍的，甚至这种取舍有可能越过原本设置的权限范围，前述数据分析就证明了这种风险的存在。并且，多元化的立法需求本身有助于各个城市探索发展出一套个性化的治理方案，也可以说是帮助城市在立法方面形成自身的立法“特色”，但我们统计分析发现，相较于修法前的地方立法权力格局而言，当下市级立法的空间实际上受到了极大压缩。前文第二章在述及市级立法可能具有的地方事项范围时，曾对实践中出现过的立法事项进行了区分。我们以《立法法》修改为时间节点，[①] 统计发现修法前市级立法主体制定的地方性法规数量约 3812 部，并将这些法规类别同“城乡建设与管理、环境保护、历史文化保护”进行比较分析后，得到信息如下：

表 16 修法前地方立法成果类别归总 [②]

有权事项	能够归入项目	不能归入项目	存疑项目
城乡建设与管理 [③]	建设业、房地产、交通运输、卫生、民政、旅游、工商管理、开发区、工业管理、商贸物资、广告、邮政电讯、饮食服务、质量管理和监督、标准化管理和认证认可、地震、测绘、咨询	法制工作、公安、机关工作、劳动工会、教育、宪法、民法、财政、知识产权、军事、审计、财务、统计、人口与计划生育、检察业务、税收、民族事务、合同、国家机关、宗教事务、律师、海关、婚姻赡养	科技（科技市场管理、合作、成果转化等）、土地、体育（体育活动、体育设施等管理）、价格、企业、人事（人才市场

① 在此选择的是 2015 年 3 月 15 日，《立法法》修改并通过这一时间节点。

② 在剔除了一些重复数据后，将法规数量确定在了 3812 部，并且，表格中能够归入项目列、不能归入项目列、存疑项目列的内容，都是依照该类项目中每类法规的数量多寡，由大到小进行排序列明的。

③ 包括城乡规划、基础设施建设、市政管理等方面。

续表

<table>
<tr><th>有权事项</th><th>能够归入项目</th><th>不能归入项目</th><th>存疑项目</th></tr>
<tr><td>环境保护[①]</td><td>环境保护、资源、水利、农业、林业、能源、气象、地质矿产、渔业、牧业</td><td rowspan="2">收养继承、改革开放、调解与仲裁、国有资产、台湾事务、语言文字、反不正当竞争、司法协助、民事诉讼、会计、国家安全、公证、外交外事、银行、特区、刑事诉讼、自由贸易试验区、刑法、证券</td><td rowspan="2">管理）、外商投资企业、个体经济、租赁、计量、计划、华侨事务、保险、公司、商品检验与动植物检疫、电子商务</td></tr>
<tr><td>历史文化保护</td><td>文物文史、文化</td></tr>
</table>

在对“能够归入项目”进行加总后，发现大致有2105部地方性法规能够被纳入“城乡建设与管理、环境保护、历史文化保护”范围之中，其中城乡建设与管理1274部，环境保护759部，历史文化保护72部。因此，通过量化分析能够得出结论如下：

在肯定现行有效的地方性法规能够一定程度代表地方立法需求的前提下，较大的市多年的立法实践数据反映出，“城乡建设与管理、环境保护、历史文化保护”几类事项大致能满足58%的市级立法需求。[②]

并且，在立法空间得到普遍压缩的前提下，城市之间的立法需求

① 采用我国《环境保护法》的定义，认为“环境是指影响人类生存和发展的各种天然的和经过人工改造的自然因素的总体，包括大气、水、海洋、土地、矿藏、森林、草原、湿地、野生生物、自然遗迹、人文遗迹、自然保护区、风景名胜区、城市和乡村等”。

② 如果不考虑存疑项目，那么有权项目约占所有有效地方性法规的55%，如果将存疑项目全部计算在有权项目内，百分比约会上升至63%，但是考虑到严格解释立场以及可能出现的分类与统计误差，笔者选择了折中取值，最终将该数值确定在58%。但实际上，由于存疑项目的存在，笔者个人认为这个数值仍旧偏高。

多元化特征又造成了不同城市立法需求受限程度参差不齐。本着区分考察的立场，仅就立法需求问题而言，旧市受到的立法空间限制无可争议，对于新市而言，其原本可能存在的立法空间也被压缩了近 4 成。再加上各地具体情况的差异，对于一些地方法治进程较快的城市而言，未来受到的束缚程度会远大于数据反映的情况，而这些城市恰恰是真正需要依靠地方立法权引领地方经济发展、保障地方社会稳定的权力亟需者。因此，从这一角度而言，立法需求难以满足，成为修法后一大隐患，加之立法需求的不一致性与不平衡性，短时间内该问题虽并不会在每个城市中都得到反映，但从长远来看，却能成为制约地方法治建设的重要因素。

二、文本重复背后的立法能力问题

（一）文本重复情况仍旧存在

立法重复一直是地方立法饱受诟病的一大现实问题，学界相关研究也较多。例如，有的学者将同级别法规之间的横向重复称为立法抄袭，上下级法规之间的纵向重复称为立法重复，并进一步对立法重复中的必要性重复和不必要重复作出了界定。① 虽然修订后的《立法法》明确规定，上位法作出规定的下位法不再进行重复规定，但统计发现，当前市级立法，尤其是新市立法中仍旧存在立法内容重复问题。调研过程中曾随机选取了几个实例进行重复性验证，发现热门的立法事项的确极易存在条文的重复。以各地普遍存在的实

① 汤善鹏、严海良：《地方立法不必要重复的认定与应对》，载《法制与社会法发展》2014 年第 4 期。

施性立法《宿州市城镇绿化条例》为例，首先，从整体结构上看，它同上位法《城镇绿化条例》相比而言，虽在个别措辞上略有不同，但实质上在篇章设置方面完全一致。其次，除却立法目的、适用前提条件和立法原则方面的重复之外[①]，全文 42 个条文中仍旧存在 6 条不必要的内容重复[②]情况，非必要重复性立法率为 14.3%。最后，经分析发现，《宿州市城镇绿化条例》重复性条款的主要内容是对上位法行为模式的具体细化与补充，也即，重复是为了追求形式内容上的完整。[③]以地域针对性较强的《镇江市金山焦山北固山南山风景名胜区保护条例》为例，它仍旧同上位法在结构体例上保持了高度一致，[④]从条文内容上看，该法规共计 36 条，其中不必要重复条文共计 13 条，[⑤]重复率高达 36.1%。并且，对市级、省级法规与中央法律法规的重复情况进行对比分析后发现，市级法规并非仅仅借

① 基于既有关于理论成果研究，我们可以将法规的重复区分为必要重复和不必要重复，其中必要的地方立法重复包括，对上位法立法目的的重复、对上位法法律原则的重复、对上位法法律规则中前提条件的重复。而判断不必要的地方立法重复实则仅限于法律规则内部的行为模式和法律后果层面，变其一均视为新的法律规则，否则视为不必要重复。故而在此将《宿州市城镇绿化条例》中第 1、2、3、7 条排除在重复比例之外。具体分析可见汤善鹏：《地方立法不必要重复的认定和应对——以七个地方固废法规文本为例》，载《法制与社会发展》2014 年第 4 期。其中需要指出的是，此处前提条件主要包括：适用范围、主管机关、名词（术语）含义、但书条款与除外条款。

② 6 处不必要的重复分别为第 10、18、22、24、29、36 条。其中完整重复：第 36 条；部分重复：第 10 条、第 24 条、第 29 条；明显重复：第 24 条；隐性重复：第 10 条、第 18 条、第 22 条、第 29 条。

③ 譬如第 10 条、第 22 条、第 24 条。

④ 这里涉及了两部上位法，分别是《江苏省风景名胜区管理条例》《风景名胜区条例》。

⑤ 分别是明显重复条款：第 5 条；隐性重复条款：第 7 条、第 10 条、第 11 条、第 14 条、第 16 条、第 27 条、第 31 条、第 28 条、第 29 条、第 30 条、第 32 条、第 35 条；完整重复条款：第 27 条、第 28 条、第 29 条、第 30 条、第 31 条、第 32 条、第 35 条；部分重复条款：第 7 条、第 10 条、第 13 条、第 14 条、第 16 条。

鉴省级法规，同时也是参考中央法律法规综合而成。换言之，当下市级法规与其说是一级一级照搬、复制，不如说是综合不同层级的多部上位法而成。①

造成文本重复的原因一方面是新市本身就处于获权后的谨慎立法阶段，宁可无功也不能有过，如此在法规具体内容上就不免出现照搬上位法的情况。但对于原本就具有立法经验的旧市而言，文本重复问题其实依旧存在。因此，产生重复的主要原因其实不在于立法经验或立法谨慎，而在于市级立法能力不足。换言之，文本重复问题凸显了扩容后市级立法层级的能力危机问题。

（二）市级立法能力不足

在分析之前，必须论证一个前提性问题：谁的立法能力不足？答案是显而易见的，我们讨论的是立法者的能力不足。那么问题就转变为，谁才是立法者？在此引出这一问题，并不是想从法学理论经典著述中，对该问题作出抽象化的解答，而是认为需要结合我国市级立法实践，回答谁才是现实经验中的法律制定者。

观察我国中央和地方的实际立法过程能够发现，立法权是由权力机关——全国人大或地方人大集中行使。但是，在法律实际制定过程中，人大、人大代表，虽然名义上代表人民群众行使立法权，却受到了立法工作者这一群体的左右。狭义的立法工作者主要是指各级人大内部法制工作委员会的立法工作人员。毕竟，立法构想要成为明确可

① 譬如《镇江市金山焦山北固山南山风景名胜区保护条例》第 7 条关于三山南山风景区规划的编制、审批程序与管理制度，是根据《江苏省风景名胜区管理条例》第 10、11、12 条和《风景名胜区条例》第 18 条、第 19 条、第 20 条综合而成。

操作的法律规范，不仅需要遵循严格的程序环节，更离不开繁重的技术性工作。从技术性与专业性角度考虑，立法工作者就承担起了这一重要的立法支援任务，国外将其称为“非选举产生之代议士”“立法中的隐性力量”“议会中之影子政府”。我国学者将其称为隐性立法者或隐形立法者，并指出该群体借由其专业化的知识、制度化的途径，在立法规划、法案起草、法案审议、适用解释四大环节内，以其隐性权力实际操控了整个立法过程。概言之，立法工作者成为立法资源的实际分配者，立法意见的真正转换、说明、协调者，最终成为左右形式立法者的一支重要力量。[①] 由此可见，我们讨论分析市级立法能力问题，其实就是在探讨设区市的隐性立法者，或者说，就是立法工作者的能力问题。

立法工作因其牵涉的信息与利益状况的复杂性，而对相关人员的法律技能、社会能力的要求均较高，因此，立法能力是否合格，也是各个城市作为新兴立法主体所必须重视的问题。并且，目前对市级立法的能力要求其实颇高：一方面，作为新近成型的立法层级，市级立法在自然时间向度上直接面对的不仅是如何立法这一基础性问题，更是在中国特色社会主义法律体系已经形成这一大前提之下，如何进行精细化立法的问题。未来不仅会以“合法、合理、可操作、技术性”等因素去衡量市级立法成果是否科学，更会对市级立法成果提出诸如“明确、具体、针对、可执行”等一系列更加细致的要求。另一方面，《立法法》为市级立法增设了一些新的权力限定，在谨守地方性事务原则的基础上，市级立法必须在法律规定的立法事项内进行立法活动，并且，

① 卢群星：《隐性立法者：中国立法工作者的作用及其正当性难题》，载《浙江大学学报（人文社会科学版）》2013 年第 3 期。

由于市级立法目前居于我国立法体制的最低层级，它在内容上的不抵触范围最为广泛。假如某市需要对当地某项事务进行立法，就至少需要对相关的国家法律、行政法规、省级法规进行全面掌握，以防止出现内容上的抵触问题。可见，多重的限制其实也对市级立法能力提出了更高的要求。

但是，现实状况往往并不令人满意。在资料收集及调研过程中，我们发现许多城市是在获得立法权后短时间内组建的立法委员会，而且并未对市级立法委员会详细的机构信息及成员信息及时进行有效公开。在有限的信息中，市级立法能力不足的最直接表现即为，市级人大相应的立法机构与人员配置显得较为不足。《立法法》修订前，享有立法权的较大的市虽然分布在全国各个省份，但从其在省内的发展状况而言，旧市均属于省内较发达城市，它们在立法机构、编制、人员配置方面虽比不上省级人大那么优越，但立法权全面放开之后，在“旧市限权”的影响下，考虑到原有较大的市多年来的立法实践经验，立法硬件条件不足在这些较大的市中相对不那么凸显。但“新市赋权”却凸显了新市立法能力不足的困境，从立法机构、立法工作人员角度而言，乍然获权的设区市并未做好相应准备。调研显示，一些城市的人大及其常委会以及政府的法制相关职能部门，在机构设置方面较为薄弱，相应的任职人员状况也不理想。经济、社会、文化发展水平均居我国前列的广东省，曾对省内设区的市立法能力状况作出过分析，结果发现，一方面，新增的设区的市的立法工作机构与基本编制很难胜任地方立法工作，仅佛山、惠州、中山等少数城市对成立专门的法制工作机构作出过统筹安排。另一方面，市级立法又面临着人才不足，经验匮乏的窘境，据调查，除去原本就有立法权的 4 个较大的市，在余下 17 个设区的市的法工委当中，本科以上学历的工作人员仅有39人，其中法学专业博士2人，硕士6人，本科以上学历人员配备平均每市不足3人。以中山市为例，2015年该市公布人大法制委成员为11人，成员学历情况相对较好，官方披露具有1名博士2名硕士，即便如此，从人员配比上看，成员中具有法学、法律相关经验背景的仅有4人，人员配比虽实现了多元化，但在专业技术性方面仍有不足。

表17　中山市法制委成员情况[①]

成员	学历	职业背景
主任委员	初中	市人大常委会副主任
副主任委员	未披露	法制工作委员会主任，原依法治市办公室主任
	未披露	内务司法工作委员会主任
委员	未披露	农村农业工作委员会主任
	未披露	中炬高新技术（实业）有限公司副总经理
	未披露	市依法治市办副主任
	未披露	石岐区南下股份合作经济联合社理事长
	未披露	小榄人民医院党委书记、院长
	未披露	广东中元（中山）律师事务所合伙人
	未披露	市文化广电新闻出版局副局长
	未披露	市规划设计院副院长

三、省市立法重复背后的权力重叠

在需求与权限部分，前文曾提出立法主体扩容后，市级立法的

① 在此并不披露具体人员姓名。

空间客观上遭到了限制压缩。并且，这种空间的限缩同时是把“双刃剑”：一方面，有助于维护法制统一，并为市级立法起到引导作用，前述立法特色的提升即为此正面功效的佐证；另一方面，则造成了城市立法需求同权限之间不能完全匹配，体现在旧市中存在的立法存疑项目。并且，经分析发现，由于立法空间遭到压缩，当下所有市级立法主体都仅能在有限的空间内选择立法事项，但是，市级立法主体的数量是庞大的，可立法的事项又是有限的，再加上新市的谨慎立法态度，在这些因素的综合作用下，未来立法的立法成果极有可能呈现出一种“趋同”状态。我们收集到的法规已经在一定程度上体现了这一问题，首先，从法规名称上能够发现，除却少部分针对性强的历史文化保护类立法、具体的环保类立法之外，“市容”“环境卫生”“绿化”“供水”“供热”“城乡规划”等主题词成为各市集中进行立法的主要领域，这一点在新市的立法成果中尤其明显。相较之下，旧市基于原本实践经验探索出了更多的可立法领域，立法事项趋同的状态并未十分明显。不过，如果仅仅是在横向维度上产生不同城市之间立法项目的趋同，其实并不一定就是一种负面的表现。但是，纵向维度上省市立法之间在立法成果上也同样极易产生重复，具体表现就是，针对同样的立法事项，省级进行了相关规定之后，市级也制定了相关规定。这种情形在当下立法实践中的确屡见不鲜。

由于立法成果较多，在此仅选取了东部的市级立法成果，根据这些市级条例所针对的立法事项，检索相应的省级立法状况。经统计发现，在省市共同享有立法权的情况下，省市之间的确存在不少针对重复项目立法现象。以“绿化管理”立法项目为例，河北、江苏、广东、海南均出现了省市均制定《城市绿化管理条例》的情况，并且，相关省市的法规并未出现显著的差异。[①] 再如，以“污染”为关键词对东部省份法规进行梳理，发现在大气污染、水污染、噪声等方面，广东、江苏、浙江、辽宁、河北、海南几省份同样存在不同程度的省市重叠立法情形。[②] 也即，或是省级针对某事项进行立法之后市级进行立法，或是市级进行立法之后省级又针对同一事项进行了立法。无论是何种情况，均说明目前我国的地方立法体制中，省市两级立法权在配置上具有重叠情况，换言之，省市能就同样的事项进行立法。不过，必须说明的是，立法权重叠问题并非因主体扩容而起，在《立法法》修改之前，省和较大的市之间的立法事项其实是完全相同的，此次修法虽然限定了市级立法事项，但并未从本质上解决共享立法权问题，反因市级立法主体数量的增多，而将此问题愈发凸显出来。并且，我们能从省市之间存在立法权的重叠配置问题，引申出一个基本判断：立法权内部纵向配置并未清晰，由此极有可能导致争夺立法事项、懈怠立法、架空上位法等一系列问题。[③] 另外需要解释的是，地方立法具有执行上位法之功用，那么，是否意味着省市重复立法仅仅是市级立法

---

① 河北省制定了城市绿化类条例的市有邯郸、唐山，江苏省则有苏州、无锡、南京、徐州，广东省为汕头、深圳，海南省为海口，且海口制定相关条例的时间要远早于海南省级法规。

② 同《河北省大气污染条例》产生立法项目重复的市有石家庄和邯郸，且两市对于大气污染的立法要早于省级立法。同《辽宁省机动车污染管理防治条例》产生立法项目重复的市有大连、抚顺，且抚顺相关立法早于省级立法。江苏省在机动车排污、噪声、大气方面同南京、盐城相关立法产生重叠，且南京市实践要早于江苏省立法。浙江省内就大气污染立法方面产生重复的市为宁波、杭州、绍兴，在机动车排气立法方面产生重复的市为杭州，且杭州相关立法早于省级立法。山东省内在大气与机动车排污立法方面产生重复的市为济南、青岛、济宁、菏泽，且济南青岛相关立法实践早于省级立法。广东省在机动车排污、固体废弃物立法方面，同广州、佛山、深圳产生了重叠，且广州相关实践早于省级立法。海南省在机动车排污方面同海口市立法产生了重叠，且海口市实践要早于海南省立法。

③ 该问题会在下一章进行详述，在此出于行文考虑，并不充分展开。

在实现执行上位法的作用？现实中的确可能存在这种情形，不过，执行上位法同时要求细化上位法，但是从统计的法规中我们并未发现市级法规充分细化了上位法，而且，考虑到前文的立法文本重复问题以及对立法能力的担忧，目前对于市级立法的细化效果持保留态度。同时，仍旧存在一些法规是市级先立法，省级再进行立法的，如此“执行上位法”的理由就不能作为重叠立法的辩解理由了。

小 结

目前市级立法的范围囊括了除海南省儋州市之外的全部地级市，市级立法层级可谓业已形成。[①] 通过对 2015 年 5 月至 2019 年 12 月的市级地方性法规的实证分析发现，整体而言，市级立法经历了主体扩容、权限收缩这一收一放的调整，目前立法呈现出热情高涨的积极状态。但在市级立法层级内部又存在“新市赋权、旧市受限”的具体差异，并且相应的立法实践在不同地域、法规类别方面也呈现出差异化。结合第一、二章对市级立法功能价值、权力配置情况的分析，提出现有市级立法实践呈现正负两方面效应：正面效应是指，相关实践基本证成了立法主体扩容以及市级立法权配置的理论价值与现实意义，且权力配置方面的规制有助于城市立法特色提升，立法成果的出现的确有利于未来城市逐步实现规范化、法治化治理；负面效应是指，当下权力配置模式中存在的理论问题的确会转化为现实问题并出现在实践层面之中，具体则表现为城市需求同具体权限之间未能匹配，立法能

① 类似观点可参见郑毅：《对我国〈立法法〉修改后若干疑难问题的诠释与回应》，载《政治与法律》2016 年第 1 期；徐亚文、邵敏：《论新〈立法法〉修订后的市级立法权》，载《哈尔滨工业大学学报（社会科学版）》2016 年第 2 期。

力问题经由文本重复而越发凸显，省市立法权未能得到有效配置。自此，我们便找寻到了市级立法未来发展的短板之处，那么，就当下理论与实践而言，则需要认真考虑通过何种方式优化市级立法。

第四章　市级立法发展进路

目前市级立法权配置模式是从一种变法者的外部视角出发，希望通过明晰市级立法权内容及边界的方式，实现对立法权的合理配置，但经论证发现，当下模式其实并未实现对立法权配置的清晰厘定，未来需要对立法权配置进一步优化。结合第三章对近五年的市级立法实践情况分析，我们发现目前市级立法权配置模式的确取得了一些正面效应，但同时仍旧存在可臻完善之处。在统观前文理论与实践论证的基础上，认为需要从权力配置优化、权力行使约束、社会功能发挥三方面着手优化。其中，权力配置优化希望依循原有思路，明晰各类主体之间的立法权配置，在强调权力归属问题的同时，更要辅之以行权约束制度，理顺市级立法权力行使逻辑。另外，必须承认的是，依照试验治理理论，信息—反馈、竞争—协调是形成科学决策的重要机制，[①] 对于市级立法而言，利用自身优势广泛获取信息并对各类地方性经验进行学习，利用外部环境进行监督从而促进整体协调发展，不失为一种更妥当的完善方式。并且，即便我们对市级立法权的正当性证成多采纳的是一种结构内的纵向视角，但仍旧存在立法制度之外的

---

① Charles F. Sabel and William H. Simon，*Minimalism and Experimentalism in the Administrative State*，Columbia Law School Public Law & Legal Theory Working Paper Group，p.10-238，November 3，2011.

横向视角，这种横向视角强调的是政府同社会之间的不同治理角色担当。[①] 因此，我们认为，仍旧需要从社会这一视角出发，对市级立法进行有效监督。

第一节　优化权力配置

一、整体调适：差异化放权的可能

（一）进一步放权的理论可能

市级立法空间不足，城市立法需求难以满足是当下的确存在的客观问题，这一点在上一章中已经有所详述，此处不再赘言。不过，立法空间问题并非不可解，其破题关键最终还是落脚在市级立法自身质量上。这种观点是基于第二章对市级立法权限问题的分析得出的。经过第二章的分析能够发现，对市级立法进行限制的最关键环节，在于修订后的《立法法》对立法事项的类型化限定。不过，这种列举式的限定方式，却因立法语言、技术等问题，引发了理论界与实务界的广泛争论。争论的焦点一是三类事项的具体外延如何，其中尤以“城乡建设与管理”具体包括哪些事项最难以取得广泛共识；二是“城乡建设与管理、环境保护、历史文化保护”三类事项后的“等”字是“等内”还是“等外”，理论上与实务中均有不同的认识和理解。时任全国人大常委会法制工作委员会主任李适时在第二十一次全国地方立法研讨会上对一些模糊焦点做了解释说明，指出《立法法》中的“城乡建设”既包括城乡道路交通、水电气热市政管网等市政基础设施建设，

① 参见孙柏瑛：《当代地方治理——面向 21 世纪的挑战》，中国人民大学出版社 2004 年版。

也包括医院、学校、文体设施等公共设施建设。法条中的“城乡管理”除了包括对市容、市政等事项的管理，也包括对城乡人员、组织的服务和管理以及对行政管理事项的规范等。同时，我们在前文也从理论及实践角度出发，认为将“等”字理解为“等内”貌似更为合理。可是，无论讨论得多么热烈，这些所有的意见其实都仅具有学理参考价值，不具有严格的规范意义。但是，这种讨论空间的存在，恰恰从反向证明了，市级立法空间仍旧存在一定的解释余地，毕竟只要不曾以立法解释等正式途径对该问题作出严格的限定，那么市级立法就仍旧在事项外延、等内等外问题上存在一定的探索性自治空间。除此之外，《立法法》的规定似乎也为市级立法空间问题留下了解决后手，在对市级立法事项进行限制之后，又专门写明“法律对设区的市制定地方性法规的事项另有规定的，从其规定”。这意味着，一旦出现情势变化，全国人大及其常委会通过在其他法律中对地方立法授权的形式来扩张市级立法权范围是完全可行的。

在第一章，我们曾对主体扩容后市级立法的主体演变历程以及扩容依循的历史逻辑进行了简单梳理，其目的在于，一方面帮助我们从一个较长的时间线索上把握市级立法的发展脉络，另一方面试图披露作为地方立法重要层级的市级立法，其实是我国改革进程中不可或缺的一环，它同经济改革共同铸造了我国近几十年来的改革大局。因此，我们也可以从改革机制这一整体性视角出发，对市级立法的空间不足的暂时性作出解释。曾有不少学者对我国的改革机制作出过论证，其中以韩博天、王绍光观点为代表的试验说，① 被黄宗智看作是突破从西方理论去解释中国现实樊篱的典范，是切中中国改革实践的有意义

① 这里引入的试验说，其实同第一章提出的治理现代化以及试验治理方法论具有一致性。

的探索。韩博天认为中国存在一种“独特的政策过程”：通过分散试验和中央干预相结合使试验有选择地被整合进国家政策当中，它能够破除一些长期困扰经济发展的障碍，适应不断变化的内外政治经济形势，及时抓住转瞬即逝的机遇，摆脱僵化意识形态的束缚，遏制既得利益集团的干扰，不断推进制度与政策创新。[①] 刘培伟则进一步认为，我国的改革机制本身就是一场基于“中央选择性控制”的试验。[②] 因而，地方立法体系中的市级立法主体也面临这样的大环境：一方面，中央对市级立法权具有绝对控制，地方要听中央的话，这点体现在第二章曾总结的，国家在制度层面以及规范层面对立法权设置的种种限制；另一方面，地方又具有一定程度的探索创新空间，前述对市级立法权进行的非严格性限制，其实就暗含了对市级立法实践“试错”态度的肯定，也为市级立法试验提供了足够的回旋空间。

总结而言，地方试验的目的在于激发地方的活力与创新能力，但同时，这种试验在保有地方自主性的基础上，同样强调中央的全局掌控。并且，地方创新的价值又在于深度挖掘地方治理经验，以便为后续的国家层面的政策制定或立法提供基础。[③] 顺着这一思路，当下市级立法虽然面临一定限制，并根据目前全国人大法工委的解释，是要在放权初期采取“严格限制”立场，但如果未来市级立法在某些立法

---

① Sebastian Heilmann：*Policy Experimentation in China' s Economic Rise*，Studies of Comparative and International Development，Vol. 43：1，p.1-26（2008）；Sebastian Heilmann：*From Local Experiment s to National Policy：The Origins of China' s Distinctive Policy Process*，The China Journal，No.59，p.1-30（2008）.

② 刘培伟：《基于中央选择性控制的试验——中国改革“实践”机制的一种新解释》，载《开放时代》2010 年第 4 期。

③［德］韩博天：《中国异乎常规的政策制定过程：不确定情况下的反复试验》，载《开放时代》2009 年第 7 期。

事项边界模糊地带取得了正面效果，产生了良好的社会实效，这种严格限制的立场势必会有所松动，所以，未来市级可立法的空间大小，更多还是取决于其自身试验效果如何。不过，在此提出这一看法，并不是要鼓励市级立法主体纷纷打破束缚，而是想要说明，与其一味地向中央要权，不如思考如何在现有的空间之内，立足已获权力切实做好市级立法工作。在这次立法纵向事权配置试验中，主角看似是诸多设区的市，但最终控制权却牢牢掌握在中央手中，未来是收是放，不仅要看我国经济社会发展情势，更会着重考量市级立法取得的成效如何。简而言之，“马儿”（市级立法主体）可以“吃草”（获得一定立法权并进行地方立法试验），但前提是保证能“跑”（能完成中央放权预期效果），并且不能脱缰（不能脱离中央掌控），并且“马儿”未来能有多少草吃（未来市级立法空间发展趋势），也取决于跑的是否令人满意。[①]

（二）逐步区别化松绑

经过分析我们发现，在试验治理与事权纵向配置视阈下，市级立法空间虽然遭到了压缩，但并非像一些学者所普遍担忧的那般严重。[②]也即，立法空间受限是客观存在的，但并非不可缓解。理由在于，一方面，对于新获权的城市而言，立法空间的压缩仅仅是一种经验概率

---

① 马儿吃草比喻参考刘培伟：《基于中央选择性控制的试验——中国改革“实践”机制的一种新解释》一文，根据本书论述主体有所改动。

②《立法法》修改后许多文章都提及过立法事项限制了地方立法活动，并认为这种名放实收的权力调整可能会造成省市资源之争、立法资源错配等问题。相关论述可参见：秦前红、底高扬：《〈立法法〉修改后较大的市不完整立法权带来的困境与破解路径探析》，中国宪法学研究会 2015 年年会发言论文，2015 年 10 月 24—25 日于贵阳。

上的推断。前文经过对实证材料分析得出的数据，是建立在对以往地方立法类型化分析的基础上的，这些数据表明市级立法空间受到了近一半的限制，虽然有科学数据支撑，但未来的发展趋势并不见得百分百地依循数据预测，并且，从前文分析的立法数量膨胀、市级积极立法、省级积极启动角度而言，新获权城市主要将立法热情投入到了已有立法空间当中，换言之，获权之喜远胜于限制之忧。另一方面，虽然对于原本仅在程序上受限的49个较大的市而言，立法事项上的限制成为今后立法工作的主要掣肘，毕竟对于这些城市而言，此次立法权格局调整并未给其带来任何的权力增益，近5成的空间压缩都是实打实的权力束缚，但必须注意，前文曾指明的，对立法法中三类具体事项和“等”字的争议与各类解释，其实都证明了在市级立法事项方面蕴含着极大的解释空间，而对这些空间的发掘，可能就要靠市级立法主体自行探索了。这一点其实也和立法权扩容的实验主义立场相吻合。

依照试验的基本逻辑，未来的市级立法空间极有可能会根据市级立法成效而进行相应变动，因此，立法空间的压缩只是暂时性的，但即便未来释放出对地方继续放权的信号，这种松绑也极有可能采用区别对待的立场。逐步区别化放松才是符合目前治理逻辑以及中央的审慎心态的较优选择，理由在于，[①] 首先，未来各地法治竞争将成为引领地方经济发展的新引擎，市级立法主体借由此次扩权东风，将会在探索如何以法律方式治理城市方面投入极大的热情。依照市级立法当下的一般经验以及实证数据，我们认为未来势必会出现各地立法水平参差不齐的状况，立法经验丰富、优势较为明显的东部

① 李步云：《法治国家的十条标准》，载《中共中央党校学报》2008年第1期。

地区，其实具备了一定的竞争优势，立法状况在各个城市间的差别化表现，也会为我们呈现出一份不同的成绩单，因此，即便未来会在市级立法的权限设置、解释方面有所松动，也不建议采取此次修法中的“一刀切”模式，毕竟单纯划线式的权力配置方案，难以激发地方应有活力。其次，从放权难度上看，《立法法》的修改以及法工委在后续的表态都体现了对市级立法放权的谨慎态度，这点在前文均有论述，兹不赘述。法律自身的稳定性要求也决定了，不可能在短时间内频繁修法，尤其是对于《立法法》而言，短时间内对其再次修订的可能性很小，但同时，《立法法》中其实也为放权预留了足够空间。较为模糊的法律用语其实就意味着宽泛解释的可能，意味着空间扩展的可能，并且，《立法法》第 72 条第 2 款也同时明确说明，关于市级立法的具体事项范围，“法律对设区的市制定地方性法规的事项另有规定的，从其规定”，这代表未来通过制定、修改其他法律而实现对市级立法主体就个别事项授权的情况也极有可能。[①]综上，市级立法的空间受限具有暂时性，未来立法空间的变动较大取决于市级立法成效如何，但是，即便未来需要进一步松绑，建议采取逐步的区别化方式，而非此次的“一刀切”方案。

二、纵向优化：破解省市立法权重叠问题

（一）立法权的重叠配置

“法律由谁制定”无疑是一个难以让人做出完善解答的经典问题。

① 例如，第二章梳理分析的其他法律对市级立法事项的限制，其实就是采用的这种模式，我国当下进入了修法时代，通过其他法律，而非单单依靠《立法法》进行市级立法授权的情况，未来不会鲜见。

我们可以从政治、社会、法律、经济等角度对这一问题作出深浅不一的探讨。不过，无论具体答案如何，其实从法律层面而言，该问题揭示出了立法学意义上的重要议题：立法权的归属与行使。如果我们依照结构功能主义的观点，将法律视为社会系统中的实施控制功能的子系统，那么在对“法律系统”作出分析时，我们能够发现，“立法”其实是法律系统内部分化出的重要子系统。[①] 依照结构主义观点，系统的运行具有层级复杂性，这种复杂性体现在纵向、横向两个方面。立法系统（体系）自然也具备这种复杂性。从纵向上看，立法系统内部存在“中央—省—市”三个角色不同、层级不同、权限不同的主体；从横向上看，即便是在中央、省或市任一层级内部，也存在如何具体实现立法权分配的问题，以本书主要研究的市级立法为例，规范层面对其进行的一系列“放权”“限权”设置，以及立法权各个享有主体的立法权限划分，等等，都是立法体系复杂性的表现。而对系统内部结构，尤其是层级结构的剖析，能够帮助我们清晰认知系统的体系化特征以及各要素之间的关联性，从而明确系统的结构是否存在优化可能。因此，对立法体系（系统）内部各个角色进行分析后，我们倾向认为，立法系统内存在的立法权配置不清问题，将成为影响立法系统、

① 结构功能主义的代表人物帕森斯以“系统”为核心概念，建立了一整套以结构功能分析为特征的社会理论，作为一种社会学分析方法，卢曼又将系统论原理运用到对法律性质、演变的分析当中，显示了“系统”分析视角在法律当中的可行性。也如卢曼所分析，法律系统本身就是社会系统当中重要的子系统，在他的社会分化理论中，社会的分化不仅包含了作为整体的社会系统层面的分化，也包含了社会功能系统内部的分化，因为只有一个内部分化的系统，才能够真正实现其在社会中的分化。对于法律系统来说，内部分化也是必要的，法律系统内部的分化首要就是立法与司法之间的分化。也即，立法就成为法律系统内部的子系统之一。参见［英］帕特里克·贝尔特等：《二十世纪以来的社会理论》，瞿铁鹏译，商务印书馆 2014 年版，第 83 页；Niklas Luhmann，*Law as a Social System*，Oxford University Press，2004。

法律系统功能发挥的一大因素。[①]

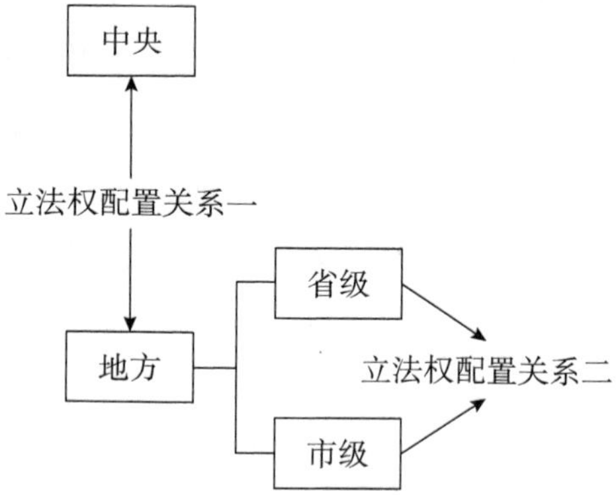

图 17　立法权配置关系示意

立法权如何配置事关社会系统中的权力与利益的具体分配结果，其关键意义不言而喻。[②]纵向上看，立法系统内部存在中央—地方（省级—市级）多类、多级立法主体。笼统地说，三类立法主体之中首先存在两种结构：(1) 中央立法主体与地方立法主体；(2) 省级立法主体与市级立法主体。也即，市级立法主体同时存在于两类交叠关系当中。我们可以将这两类关系理解为立法权配置关系，其中，第一重为“中央与地方的立法权配置关系”，第二重则为“地方立法内部：省级与市级的立法权配置关系”。遗憾的是，无论是在哪一重立法权配置关系当中，市级立法均还未找到自身清晰定位。

在中央与地方立法权配置关系当中，市级立法并未作为单独角色出现，而是成为地方立法体系当中重要的一员。在该重关系当中，

① 该部分的论述重点是纵向的立法权配置结构，因此对于横向结构问题并不在讨论范围之内，特此说明。

② 徐向华:《国家治理现代化视角下的〈立法法〉修改》，载《交大法学》2014 年第 3 期。

如何配置地方立法权，其实从前提上决定了市级立法权的分配，毕竟，市级立法归属于地方立法体系当中，也只能在地方立法权范围之内找寻空间。但是，第二章分析市级立法权配置情况之时，就已经指出了地方立法权本身范围的模糊性，具体体现在地方性事务的模糊性、不抵触情况难以界定等方面，因此，在第一重关系当中，市级立法因地方立法权限的不明晰，其自身的权限范围也是不清晰的。[①] 如图 18 所示，市级立法的范围归属于地方立法大范围之内，但地方立法范围不确定，因此用虚线表示，意味着其范围可能产生缩小、扩大等变动，而市级立法范围也会随之变动，故而也用虚线表示，但市级立法不能超越地方立法范围。因此，实际上在第一重关系（中央—地方）中就存在立法权配置不清问题。

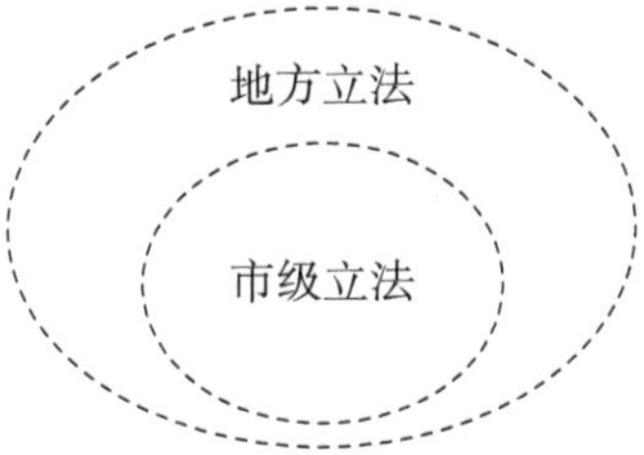

图 18　地方立法、市级立法范围关系

在地方立法内部：省级—市级关系当中，也同样存在着立法权

---

① 需要注意的是，对地方立法权进行了一系列说明、描述、限制性规定，并不代表着为地方立法权划定了清晰的范围。这点在第二章已经有相关分析，在此重申，我国法律对地方立法权作出了一系列限制，但这些限制并未对地方立法的权限范围作出清晰的界定，也即，一切都是处于变动之中的。也是基于对这种权限不清的担忧，一些学者也曾提出要尝试划定“地方专属立法权”，从而帮助明晰地方立法的权限范围。在此并不探讨“专属立法权”是否合理可行，但必须承认，地方立法权限范围不清是现存事实。

配置不清的问题。虽然法律对市级立法作出了事项范围说明，但市级三类立法事项具有一大前提要求：属于地方性事务范畴。可惜的是，地方性事务的范围本身会因时间的变动而变动，因此，三类立法事项这一限制虽然能大体勾勒出市级立法边界，但出于各地对事务具体范围以及“等”字理解的不同，立法事项限定并不意味着将市级立法事项清晰圈定在了某个范围之内。另外，即便依照我们的观点，对三类市级立法事项以及“等”字进行了严格的限缩解释，也仍旧无法解决该重关系中的立法权配置不清问题，这是因为对于省级—市级之间的立法权配置问题，目前并不存在法律层面上的规定，市级立法权范围同省级立法权范围的确有重合之处。从法律规范角度出发，针对“城乡建设与管理、环境保护、历史文化保护等方面的事项”，省市均有权立法。造成这一问题的根源在于我国中央与地方，省、设区的市之间在事权上存在同构性，在立法权上也出现了“职责同构化”现象。职责同构本是政治学中的一个概念，其是指在政府间关系中，不同层级的政府在纵向间职能、职责和机构设置上的高度统一、一致。通俗点讲就是指，每一级政府都管理大体相同的事情，机构设置也基本延续了上下对口的模式。[①] 通过对《地方组织法》的考察，我们能够发现，除了具体的适用地域不同之外，县级以上人大与政府的职权事项是完全相同的。我们认为，两个不同的立法主体对同类事项均享有立法权时，最有可能产生的负功能就是“重复立法”“选择性立法”问题。

重复立法意味着就某事项，省级、市级纷纷行使立法权制定相关规范。一方面，重复立法极易造成对立法资源的浪费。立法活动具有

① 张志红：《当代中国政府间纵向关系研究》，天津人民出版社 2005 年版，第 270 页。

过程性、技术性的特征，从草案到法的过程牵涉了诸多部门、人员，立法过程中会产生各种各样的立法成本，而重复立法则意味着针对同一事项，进行了两次重复劳动，自然会对有限的资源造成浪费，也容易造成“几乎所有的立法主体都规定所有的事情，但所有的事情在所有的立法层级都得不到有效的规定”①。另一方面，如果重复立法已成既定事实，就极易为相关的法规适用带来难题。实践中不乏因省级、市级之间规定差异②而造成的法院审判适用法律困境的具体案例，例如，2004 年的“吴某宝等不服福州市房地产管理局房屋拆迁管理案”[案件字号 (2004) 榕行终字第 156 号] 即为典型案例，在该案审理中，就曾对“适用省级法规还是市级法规”进行了激烈的论辩。类似的案例还有当年的“广州集资房第一案：金满公司不服广州市规划局行政处罚案”③，这些都是因省级、市级法规针对同一事项作出了相近规定，而产生的司法适用难题。

如果说重复立法意味着权力共享主体对立法事项的争夺，那么，选择性立法就意味着存在多个有权主体时，出现了多个主体对应立法事项的互相推诿。立法是对社会利益的再分配，因此，理论上而言争夺某一事项的立法权应该属于常态问题，但是，现实中也有可能出现

---

① 封丽霞：《中央与地方立法关系法治化研究》，北京大学出版社 2008 年版，第 370 页。

② 这里的差异并非前文提出的抵触情况，第二章曾对抵触情况作出过分析，如果市级法规同省级法规的规定抵触，则市级法规无效，当然不会存在争议，但是实践中，市级法规会在省级给定的裁量范围内，作出个性化规定，因此，这种只能看作是差异，并非抵触，也并非不一致，因为前文分析过，不一致主要适用于同级法律之间。

③ 该案并未找到完整的判决书，仅能从相关报道中一窥案件原貌，可参考：《广州集资房第一案开庭　市规划局被告上法庭》，http://www.lawyers.org.cn/info/94b5ac96fff7485a8994cb53e31c5db8，2020 年 3 月 1 日访问。《广州集资房第一案宣判：金满公司状告规划局败诉》，https://bj.leju.com/news/2007-08-04/0925206250.html，2020 年 3 月 1 日访问。

对某一事项产生“回避不谈”的立法窘境。在收集数据的调研过程中曾发现，当下市级立法偏好集中进行管理类立法，对于民生、民权类的立法关注较少，这点在立法类型数据方面也有所佐证。并且，现有法规条文中关于公民权利利益分配的规定也很少。选择性立法其实说明，重叠享用立法权容易造成“对我有利就从快立法以争夺立法权，对我不利则从慢立法乃至选择性忽略”的局面。试想，在某些事项上，市级、省级双主体均享有立法权的前提下，选择性立法现象很可能由此多发。毕竟存在多头管理就意味着存在推诿的风险，有利益分配时都强调自己有权立法，有负担时又可以说存在其他更适合立法规制的主体，较容易产生争议。

（二）市级优先的基本立场

省—市之间存在的立法权纵向分配不清晰问题，容易引发立法重复和选择性立法，最终形成“几乎所有的立法主体都规定所有的事情，但所有的事情在所有的立法层级都得不到有效的规定”①的局面。因此，理顺纵向结构，即意味着处理地方立法体系内部省—市之间的立法权重叠问题。对于此问题，虽然我们目前仍旧缺乏相应规范指导，但学界也有少数学者对该问题的解决提出了一些值得借鉴的方案，较有代表性的有二：一是从权力享有角度出发，要求设立“专属立法权”②；二是，从权力行使方向考虑，引入“辅助原则”，对省市之间的立法权重叠事项进行原则性划分。③

---

① 封丽霞：《中央与地方立法关系法治化研究》，北京大学出版社 2008 年版，第 370 页。

② 向立力：《地方立法发展的权限困境与出路试探》，载《政治与法律》2015 年第 1 期。

③ 该方案目前仅具有理论探讨意义，参见程庆栋：《论设区的市的立法权》，载《政治与法律》2015 年第 8 期。

首先，提议尝试设立市级专属立法权，其实是对之前“地方专属立法权”观点的进一步发展。专属立法权着眼于央地立法权的划分，认为可以将一些非重要的地方性事务，乃至个别重要地方事务的立法权交由地方单独行使。①学者倾向于认为，专属立法权的设立有助于摆脱地方性事务的模糊性，具体又可划分为事权属性区分和影响范围区分两种不同路径。事权属性方式要求依照事权归属，对立法事项进行甄别与分配，因此，虽然目前我国并未在规范层面对中央与地方事权进行相关划分，但的确存在一些中央基本不会对其干预的地方事项，诸如城市的具体规划与建设、城市公共服务与管理事务、具有地域特色的环保事务，等等。《立法法》第 72 条之规定也能体现这一现实经验。②影响范围方式则要求以事项的影响范围为标准去看待中央地方立法权划分。具体则为，在充分尊重地方自主的前提下，但凡属于地方局部性事务的情况均由地方进行立法，只有超出了地方范围导致地方难以对其施加有效规范的事务，才适宜由中央进行统一规范。③无论理由如何，如果我们依照“专属立法权”思路应对地方立法权内部结构问题，其实就是在地方立法内部进一步细化区分出一种“市级专属立法权”，唯此才能解决省市立法权部分重叠的问题。

其次，以“辅助原则”划定立法权重复部分的行使方式。在这一路径下，我们不需要从理论或规范层面上对重叠立法权问题进行细致剖析，仅需要思考重叠的权力如何得以行使。换言之，并不从事权属

① 崔卓兰等:《地方立法实证研究》，知识产权出版社 2007 年版，第 97 页。

② 向立力:《地方立法发展的权限困境与出路试探》，载《政治与法律》2015 年第 1 期。

③ 封丽霞:《中央与地方立法权限的划分标准:“重要程度”还是“影响范围”？》，载《法制与社会发展》2008 年第 5 期。

性或影响范围角度去甄别哪些事项归属于市级立法、哪些事项归属于省级立法，转而分析面对重叠的立法权，哪种情况下需要由省级进行立法，哪种情况下又需要由市级进行立法。那么，如何对立法权具体的行使情形作出区分？这就要依靠“辅助原则”了。一般而言，它大致遵循如下逻辑：当某项事务同时具备多个可执行主体时，需要优先选择既能够完成既定目标又相对处于最低层级的主体来具体执行。也即，辅助原则提倡的是政策在可实现的最小单位上执行，因此，在可产生同样解决效果的前提下，如果地方能够处理该事项，中央就不宜独揽。[①] 欧盟 1991 年的《马斯特里赫特条约》明确确立了该原则地位，[②] 其后，1997 年的《阿姆斯特丹条约》则对其实质标准进行了明确，[③]2007 年《里斯本条约》又对其具体化运用程序进行了规定，[④] 这不仅证明了该原则在国家治理领域的可应用性，也为我们分析借鉴打下了基础。依照该原则精神，省、市之间重叠的立法权应当先由市级行使，在城市能够较好地进行规制时，省级立法主体不应行使立法权；只有在城市依靠自身能力无法解决或者省级立法主体进行立法效果更好的情形下，才应由省级立法主体行使立法权。

前述两种思路都有一定的可取之处，但同时也都具有一定的局限性。“专属立法权”代表了学界试图厘定“地方性事务”，并对地方性

---

① Jürgen G. Backhaus，*Subsidiarity and Ecologically Based Taxation*：*A European Constitutional Perspective*，Public Choice，1997，90（1-4）：281-282.

② 参见北大法宝数据库：http://www.pkulaw.cn/fulltext_form.aspx?Db=eagn&Gid=100668918&keyword= 马斯特里赫特条约 &EncodingName=&Search_Mode=accurate，2020 年 3 月 1 日访问。

③ 参见：Protocolon the application of the principles of subsidiarity and proportionality，treaty of amsterdam，1997，article 5。

④ 参见：Protocol on the application of the principles of subsidiarity and proportionality，treaty of lisbon，2007，article 4-6。

事务进行细致区分的努力，一旦成功，我国立法权配置体系将会得到一次彻底的梳理，后续的权力行使过程也将更加流畅。但这一主张的实践性较差，且需要进行长期探索才能取得相应成效。第二章曾指出，地方性事务本身就具有模糊性，且会随着时间发展而产生一定变动，我们很难对其进行严格准确地界定。并且，因我国目前的行政体制而体现出的“职责同构化”，意味着在目前各级政府事权未得明晰的条件下，我们很难将立法权在各级主体之间进行妥善配置，划分专属立法权的思路虽然有益，但短期内并不能有效解决省市之间在三类事项上的立法权重叠问题。“辅助立场”不涉及立法权的具体归属问题，对于地方立法主体而言，可接受性较强。但是，该方案的核心在于“辅助原则”的引入，不过该原则本身也具有一定的局限性，它的实践价值较大且容易在短期内取得一定成效，但在政治及法律层面的理论性问题未得以明确，其复杂与模糊性可见一斑。[①] 并且，该原则在我国法律体系中并未得到应用，即便法学理论界有所涉及，也多是用于分析国家治理领域内，政府—社会或政府—市场之间的关系。对于立法权行使而言，“辅助原则”还是一个全新的概念，究竟如何界定该原则的运行机制与实质标准，当下仍旧属于空白。

不过，辅助立场虽然具有局限性，但它从内部视角出发而提倡的“共有权力配置方式”[②]，不失为一种理顺省、市立法权结构的启发性尝试。可以说，研究者尝试以“变法者”身份，厘清各个立法主体究竟享有何种具体立法权的做法颇为理想化。因此，当下我们在理顺省

---

① Gráinne de Búrca，*The Principle of Subsidiarity and the Court of Justice as an institutional Actor*，Journal of Common Market Studies，Vol.36：2，p.214-235（1998）.

② Alex Mills，*Federalism in the European Union and the United States：Subsidiarity，Private Law，and the Conflict of Laws*，University of Pennsylvania Journal of International Law，Vol.32：2，p.369-455.

市之间纵向结构时，不妨首先承认这种客观上的权力共有情况，而不是一味地对其进行反对与贬斥。一旦承认了这种共有权力，问题就转变为如何在省市两级立法主体之间，对三类具体事项的重叠立法权行使达成共识，从而避免可能因此出现的立法重复、选择性立法现象。故而，回答此问题，需要在一定程度上赞同“辅助立场”的观点，认为理顺纵向结构的关键在于，将省市立法权的重叠部分优先由市级立法机关行使。不过，除了“辅助原则”以外，我们也可以在现有法律知识体系内找寻到可能的解决方案。

第一，立法成本收益考虑。既往研究通过对中央层面统一行政立法以及省级立法进行成本收益分析后，发现就同一法律目标而言，较低层次的省级立法比由中央统一制定出的行政法规可能获得更高的法律效益，并且该结论可以同时扩展到所有地方政府层面。因此，就立法供给而言，由较优掌握本地区居民偏好的各地按市场需求分别提供则相对有效。为了使立法更加有效，使消费者剩余和生产者剩余最大化，在不同层级的立法效益比较上，较低层次的立法主体更有利于实现经济行政立法的均衡。①

第二，法规适用考虑。法律的生命力在于实施，市级立法也是如此。在此参考法律适用当中的“适用优先”原则，尝试对省市立法权重叠问题作出解释。“适用优先”原则（Anwendungsvorrangsprinzip）起源于德国，我国台湾地区行政法理论对其多有援用。适用优先要求，如果面对位阶不同的法律规范取舍，法律机关②仅在不存在可

---

① 相关具体成本效益分析可参见陈桂生：《基于辅助原则的行政立法效益研究》，载《法治研究》2009 年第 9 期。

② 依原文理解，这里的法律机关包括行政机关和行政法院。

适用的低位阶规范的情况下，才能适用高位阶规范。[①] 该原则之理论精髓可追溯至凯尔森“法律位阶理论”：下位法规范是上位法规范的具体化和个别化。也即，下位法规范因其详细性、具体性和可操作性而具有优先性，如若不对其适用上的优先性进行保障，就会使得下位规范原本具备的现实化的上位规范的价值遭到损害。[②] 适用优先体现了在下位法同上位法不冲突的情况下，对低位阶法的优先适用立场。因此，在省市立法权重叠事项面前，如果市级立法并不抵触上级立法，则需要适用市级立法，这表明，一旦出现省市重复立法现象，作为上位法的省级法规其实并不具有适用的优先性，换言之，在重叠立法权事项范围内需要鼓励实施的是市级立法而非省级立法。并且，依据位阶理论，市级立法具有对上位法进行现实化、具体化之义务，在重叠立法权事项内强调市级立法主体行权的优先性，是对法律适用和位阶理论的回应。[③]

第三，省级立法压力考虑。《立法法》修订不仅带来了立法权主体的扩容，也为省级立法主体带来了更大的工作压力，这些压力具体体现在对辖区内市级立法的批准、备案、审查方面。前文对重叠立法权三类事项的考察发现，三类事项占据当下地方立法整体规模的58%，虽然这对于市级立法空间的压缩较大，但在重叠立法权市级优先行使理念的指导下，省级却可以释放出更多的能量，用来承担各项针对市级立法的审查工作压力。

---

① 翁岳生编:《行政法》(上册)，中国法制出版社 2000 年版，第 167 页。

② 陈敏:《行政法总论》，新学林出版股份有限公司 2007 年版，第 99 页。

③ 虽然我国并未明确提出适用优先原则，但已经对其进行了一定程度的运用，例如最高人民法院关于《全国经济审判工作座谈会纪要》就曾明确提出，地方性法规如果对某一问题具有更详细之规定，就应当优先得以适用。

不过，虽然基本立场是“市级优先行使重叠立法权”，但也并不等同于将省级立法排除在共有立法权之外。在必要的情况下，省级立法主体也需要行使重叠立法权，结合现有研究以及调研情况，在以下几类情形中，省级立法主体行使重叠立法权，不但不会造成重复立法、选择立法或适用难题，反而有助于加强地方立法体系内部的协调性：一是在立法程序等具有普遍适用意义的事项方面，由省级统一作出规定即可，大可不必由各个设区的市出台重复率极高的程序类法规，如此不仅节约了立法资源，也提高了立法效率。各市如果有自己的程序性法规创新需要，可以在精准立法理念的指引下，仅对具体程序性事项或环节进行内容指向性极强的配套性立法，例如有些市曾专门出台的听证条例、专家咨询条例等，而不必要贪大求全。二是对于环境保护等有可能超出本市辖区范围或者需要省内多市联合协作立法的情况，可由省级进行立法，而不需要由各个市纷纷出台相关法规，以避免政出多头。有观点认为，省级立法能够实现更好立法效果之时，需由省级立法，但需要注意的是，“更好立法效果”本身就难以判断，并且，许多法规的实际效果需要时间检验，并非在立法阶段就能对其可靠预测，所以这种标准并不可取。也有观点认为，当市级立法可能产生地方保护主义、损害他市或整体利益时，也需要由省级立法。①这一做法同样并不可取，原因有二：第一，判断难度大。通过对市级法规的梳理发现，当下各地立法很少会从文本上直截了当地体现地方保护内容，我们也很难通过立法项目去甄别立法权行使是否具有地方保护主义倾向，是否损及他地或整体利益，该条标准实践意义不大。第二，判断主体不明。涉及地方保护或地方利益这些抽象的问题，究

① 参见程庆栋：《论设区的市的立法权：权限范围与权力行使》，载《政治与法律》2015 年第 8 期。

竟该由谁进行评判？由市级立法主体判断，则有为自己裁判之嫌，由省级立法主体判断，不仅没有立法前审查这一规范依据，毕竟省级立法的审查主要针对的是立法后审查，也为省级立法带来了更大压力，并且，一旦开启立法前省级审查的先河，就无形中给市级立法平添了约束，加之立法后多项审查并进，市级立法的独立价值难以得到发挥。综上，建议理顺纵向结构必须站在重叠立法权行使立场上，强调市级立法的优先性，但在具有普遍意义的程序性事项上以及超出一市辖区或者需要几市协同立法之时，则省级立法具有优先性。

第二节　约束权力行使

一、通过立法辅助制度提升立法能力

（一）警惕立法官僚化风险[①]

通过上一章的分析，我们发现市级立法面临着能力不足的危机，的确需要对市级立法能力进行优化提升。一般而言，对市级立法能力的优化主要体现在机构设置、人员编制、人才队伍培养方面。有关这几方面的对策性建议已经很多，在此不再赘述。不过，在将目光投向立法能力提升，尤其是市级立法人才队伍建设之时，仍需要警惕当下已经出现的立法官僚化风险。

---

① 对立法官僚化的论证并非本书重点，在此提出此概念但并不对其进行过多分析，详情可参考王理万：《立法官僚化：理解中国立法过程的新视角》，载《中国法律评论》2016 年第 2 期；白龙、周林刚：《立法官僚的兴起与封闭——以 1979 年—2010 年全国人大立法为中心的考查》，载《文化纵横》2011 年第 3 期。

现有研究一般认为，立法能力提升任务最终仍旧要落实在“立法者”这一角色本身，地方需要重视立法专业人才与复合型人才的引进培养。面对当下地方立法机关人员整体专业化程度不高、能力不足的现状，最直接、最快的改善方式就是引进高素质的立法人才。与此同时，更需要针对现职人员开展多样化的专业技能培训，加强相关法律知识的系统学习，保证现职人员能够掌握立法理论与实践发展动态。如此，才能培养出一批能够胜任市级立法机关需要的立法工作者。这种观点具有一定的价值，毕竟诚如上一章分析，我国的立法工作者群体实际上已经成为“隐性立法者”，他们借由其专业化的知识、制度化的途径，在立法规划、法案起草、法案审议、适用解释四大环节内，以其隐性权力实际操控了整个立法过程。概言之，立法工作者们成为立法资源的实际分配者，立法意见的真正转换、说明、协调者，最终成为左右形式立法者的一支重要力量。[①] 前述的立法能力危机，很大程度上也是对市级立法工作者能力不足的担忧，因此，要求提升市级立法工作者立法能力、立法素养，对于当下市级立法能力不高这一窘境而言，具有一定的合理性与必然性。不过，虽然现实中的立法工作者成为隐性立法者，并借助其专业知识、技术、身份以及制度渠道，占据了立法的制高点，但同时也不可避免地引发了根本性诘难：非民选的立法工作人员支配立法是否具有正当性？并且，由此诘问而引发的立法民主性困局[②]、专业

---

① 卢群星：《隐性立法者：中国立法工作者的作用及其正当性难题》，载《浙江大学学报（人文社会科学版）》2013 年第 3 期。

② 无论是从民主理论角度还是各国实体法立场出发，立法工作者因其非民选性均只能居于辅助者地位。

性挑战[①]、道德性风险[②]，也是市级立法主体在加紧提升立法力量的同时，必须予以重视的。

至此，我们能够发现，提升市级立法能力不等同于靠简单地搭起台子（设置专门机构）招录专业人员（立法工作者）就能解决的。一方面，立法本身的技术要求极高，科学严谨的立法结果不仅需要借助法律专业技术、语言表达技术、规范构造技术，更需要具备平衡价值冲突能力、严谨逻辑构造能力以及对法律体系整体的理解与领悟能力。但是，现实中我国的立法起草者仍旧存在较多的问题，例如：因缺乏系统化的理论、方法、技术训练而立法能力较低；以及旨在界定起草过程的规则证明并不充分；等等。[③] 在如此大环境之下，加之设区的市本身机构、编制、待遇等硬件条件的限制，可以说，短期内市级立法工作者能力有实质性提升的可能性不大。另一方面，即便设区的市以大跃进方式在极短时间内[④] 使当地立法能力发生翻天覆地的变化，立法工作专业化程度有了突破性提升，市级立法反而又会陷入官

---

① 即便立法工作者从事的立法辅助工作具有专业性的要求，但现实中立法问题的多发，其实也佐证了目前这些立法工作者仍旧存在专业能力不足的问题。因此，即便设区的市纷纷大力投入对立法能力的建设，笔者对此类建设的成效也并不看好。

② 道德风险意指，立法工作者也存在以权谋私的可能，并且他因工作性质的稳定性，更容易被利益集团捕获。

③ A. Seidman & R. Seidman，*Drafting Legislation for Development*：*Lessons from a Chinese Project*，The American Journal of Comparative Law，Vol. 44：1，p.1-44（1996）.

④ 之所以将市级立法能力同“极短时间”这一限定频繁产生关联，是考虑到设区市立法热情高涨，并且未来极有可能出现立法数量膨胀情况，这意味着，留给设区市进行立法能力建设的时间并不多，特别是在市级立法第一道防线溃败之后，目前一些已经行使了立法权的市级立法主体，很多都是处于边建设边立法的状态，一些设区市在获得立法权后，短短半年之内就完成了对当地立法机构组建、人员配备、调研、起草、审议、省级批准等一整套立法程序，其效率之高实在令人惊叹。

僚化的危险之中，这同样是我们所要极力避免的。综上，提升市级立法能力虽为必需，但并不意味着仅是注重对机构、人员的配备，与此同时，我们也需要借助其他手段防范官僚化在市级立法领域内形成。在这一立场之下，除了一般意义上的加大机构、人员的必要建设之外，市级立法主体必须探索建立相应的立法辅助制度，以便在为立法能力建设提供助益的基础上，同时对立法官僚的权力进行稀释。

（二）建立立法辅助制度

我国目前已经形成了独具特色的政治体制和法律运作模式，以重构立法秩序的方式完全改造当下显性、隐性立法者共存局面，并不可取。① 并且，民众对立法工作者在一定程度上主导立法秩序的情形相当宽容。② 因此，在现有体制内进行技术性改造的可操作性更强。建议市级立法主体可以尝试构建一系列辅助立法制度，消弭民意代表与立法官僚机构之间在法律知识、立法技术、立法信息方面的不对称性，提高民意代表参与立法的能力。基于这一立场，在总结我国相关实践经验的基础上，立足于当下市级立法能力状况，认为可以从设立立法助理和立法指引制度入手，积极探索市级立法辅助制度的建立。

第一，建立立法助理③ 制度。立法需要具备相当充分的法律知识与实践经验，而专业的立法助理致力于为立法者提供智识支持，以弥补其在法律专业性上的不足。该制度在理论界早有探讨，在地方立法

---

① 卢群星：《隐性立法者：中国立法工作者的作用及其正当性难题》，载《浙江大学学报（人文社会科学版）》2013 年第 3 期。

② T. Shi，*Is There an Asian Value? Popular Understanding of Democracy in Asia*，in D.Yang & I. Zhao eds.，China's Reform at 30：Challenges and Prospects，World Scientific Publishing Company，pp.167-194（2009）.

③ 这里对立法助理取狭义理解，仅指为人大常委会提供专项法律服务之人员。

实践场域，尤其是市级立法实践中也早有探索，深圳、成都、海口、重庆都相应开展了类似实践。结合现有实践经验以及理论研究成果，指明当下若要在市级立法层面构建立法助理制度，主要需要注意以下两方面问题：

首先，必须针对立法助理进行制度化管理。此处的制度化管理意味着，必须针对其特殊角色制定一套专门化的管理制度，立法助理毕竟同国家公职人员不同，对其的管理也不能全盘依赖公务员制度，必须在人才引进方式与条件、流转、职责、待遇等方面探索出相对清晰的方案，为助理人员提供规范化的管理保障。并且，建议对立法助理实行全职服务与兼职聘用相结合的灵活管理方式，尤其是针对具体的人大代表而言，为其配备临时性兼职助理以提供一对一的法律技术支持，更符合当下对地方立法提出的科学化要求。其次，必须针对立法助理建立起约束机制。专业和中立是立法助理制度的生命所在，同体制内的立法工作者不同，立法助理凸显的是法律服务属性，而非个人因职业而可能享有的政治身份。为了使其保有可贵的中立立场，必须设立相应的立法助理约束机制。例如，可以建立回避制度，在出现利害关系或亲缘关系的情况下，要求相关助理进行回避；可以设立轮岗制度，在助理与具体服务代表之间设定服务期限，打破可能出现的因岗位固定化而产生的利益纠葛；探索相应的工作绩效考察制度，对于立法助理相应工作成效进行考量；建立相应的立法助理责任制度，对于未完成相关工作职责、违反工作纪律或造成较大工作事故的人员追究相应内部责任，情节严重甚至违反国家相关法律规定的，则依法追究其法律责任。

第二，建立立法指引制度。即要求法案起草机关向人大代表和常委会委员就法规草案条文内容的立法依据、事实、理由等进行详细诠释并提供相关资料，这被视为培养与增强人大代表立法能力的创新举措。[①]同立法助理制度不同的是，立法指引制度更加强调对立法各个环节中有益信息资料的汇集、综述与传递。也即，该制度的价值在于全面动态地展现立法过程中可能出现的各类信息，以帮助立法者形成科学判断。当下市级立法自身能力状况并不令人满意，此种情形之下最为忌讳的便是拍脑门立法、想当然立法，因此，对立法指引制度的引入可能并不需要具备太多的法律专业人员，而是需要相关人员勤勉跟进整个法规从法规案到公布的制定过程。在法规案阶段，准备及送交全面的法规案说明材料，在具体审议阶段，进行有价值信息的汇总与反馈，从而提升整个立法过程的专业性与效率性。并且，制定法规时产生的指引材料也是宝贵的立法信息资源，法规制定并公布并不代表着立法活动的终结，后续一系列的法规解释、公众理解、实践效果检验、法规修正等环节，都需要参照立法原初时相关指引信息。因此，指引制度虽然着眼点在于信息的整理，但同时也对信息提出了较高要求：一方面，凝练精确、通俗易懂是其基本的内容要求；另一方面，及时优化、完善更新是其时效性要求。

综上，建议构建立法助理制度和立法指引制度，通过辅助的手法提升市级立法能力。虽然出发点不同，但两者的共同目的都是要提升民意代表（市级人大代表）的立法能力，使之从信息上同立法工作者达到均衡，从而具有自身的公正理性判断，帮助市级立法民主化、科学化程度的提升。[②]

① 王旭东、易明刚：《指引制度：让立法者“睁大眼睛”》，载《人民日报》2006年8月16日第13版。

② 卢群星：《隐性立法者：中国立法工作者的作用及其正当性难题》，载《浙江大学学报（人文社会科学版）》2013年第3期。

二、建构审释结合机制强化立法监督

未来市级立法的迅速发展已是不争的事实，问题的关键不是阻止市级立法的发展，而是要保证它们与宪法、法律的统一。自《立法法》修改以来，乔晓阳、郑淑娜分别在不同场合多次指出，应通过在事前、事中和事后设置“五道防线”来“管住地方立法权”。这体现了对市级立法的约束监督已经成为开放立法权后的重要任务。但是，五道防线虽然设计完善，但经过实践检验后，第一道防线希望各省立足城市实际状况，通过对市级立法启动时间进行限制，拉开各地之间的立法差距，但第三章分析发现，各省市对于立法权抱有极大热情，第一道防线实际收效甚微；第二道防线强调市级立法权的内在界限，但第二章分析发现，地方性事务、立法事项现仍存在很大解释空间，具体的尺度把握则需依靠城市自身；第三道防线强调市级立法权的外在边界，但目前对于“不抵触”的解释也一直处于众说纷纭的状态[①]；第四道防线和第五道防线分别聚焦于市级法规审批制度、法规备案制度，虽然都是对立法权行使的具体监督措施，但这些均不是针对市级立法的创新举措，且以往的实践效果本身存疑。[②]故而，未来市级立法工作中，亟需建立实效性更强的约束机制。

---

① 该问题学者讨论较多，且时间跨度较大，例如：丁祖军、宓雪军：《试论不抵触原则》，载《现代法学》1993 年第 1 期；孙波：《地方立法“不抵触”原则探析——兼论日本“法律先占”理论》，载《政治与法律》2013 年第 6 期；陈吉利：《法律抵触判定原理的反思和重构》，载《行政法学研究》2014 年第 3 期；等等。

② 相关可参见阮荣祥主编：《地方立法的理论与实践》，社会科学文献出版社 2008 年版；丁国卿：《我国立法监督制度的现状及其完善》，载《江西社会科学》2008 年第 1 期。

全国人大法工委提出的“防线设置”，其实表明了中央层面对未来因市级立法主体激增所带来的立法数量井喷、地方立法质量下降风险的基本处置立场：在原有制度的基础上，以发挥审查备案等立法监督制度的效用为主。毕竟第二道防线和第三道防线聚焦于地方性事务、立法事项与不抵触原则，其理论化、模糊化强的特性导致了我们很难立马对其进行清晰厘定，并且后两道防线已有实践经验，且又是在二、三防线的基础上得以建构的，因此，进一步完善审查制度，就具有了实施成本上的优势。不过，也正如众多研究者所发现的，以往实践中存在大量诸如该备案的不备案、该审查的没审查、该改变或撤销的未改变或撤销的失监、虚监现象。① 因此，加强对市级立法的约束，需要在挖掘现有制度的价值的基础上，结合市级立法自身情况，进行相关完善与创新。具体而言，笔者认为需要进一步发挥现有批准、备案制度价值，并辅之以强化法律法规解释机制，综合建立起审释结合的新型立法监督机制。

（一）完善法规批准制度

立法是一项技术性强、系统性凸显、历时较长的复杂工作，批准制度的存在其实也是为了保障法制统一、提升立法质量。通俗而言，设置批准制度更多是从立法监督层面考虑，它的存在不是为了令市级法规不得以通过，而是希望通过省级批准行为，将市级立法可能出现的问题得以发现并纠正。不过目前对于批准制度争议较多，我们认为，需要从批准权性质、批准标准等方面对其进行明确与完善。

---

① 阮荣祥主编：《地方立法的理论与实践》，社会科学文献出版社 2008 年版，第 357—358 页。

第一，明确批准权的性质，强调批准权并不等于制定权。对于批准权的性质，一直以来存在着争议。[①]必须强调的是，批准权不等同于制定权，虽然市级立法需要报省级人大常委会批准后方可施行，但这一规定并不能否定市级人大及其常委会是拥有立法权的立法主体，也不能因此改变市级人大及其常委会有权自主进行地方立法的法律地位。因此，省级人大常委会在审查批准报批法规时，必须充分尊重市级人大及其常委会的立法权。尤其在涉及有关具体的城市管理等地域性较强的事务方面，更要充分尊重市级立法主体在城市治理主体、体制、制度、措施等方面作出的立法决策，以保障市级人大及其常委会依法行使立法权，而不是成为省级立法的附庸。

第二，重视省市立法协调衔接。集思广益是立法质量的保障，建议在市级立法力量不强，省市存在重叠立法权的当下，重视省市之间的立法协调，确保省市两级立法机关之间形成合力。其一，建立立法计划的衔接制度。市级立法在确定下一年度立法计划时，要注意避免与省级立法计划重复。其二，市级立法应及时向省级反映自身立法实践中发现的问题及需求，对于一些确有立法必要但缺乏权限的立法事项，必要时要及时向省级反馈，以便省级考察是否具有统一立法的必要，缓解市级立法空间压缩后可能出现的规范真空现象。其三，在制定省级地方性法规时，如果发现先前出台的市级地方性法规与之不一

---

① 一种观点认为，批准就是决定，它既是对被批准行为的制约和补充，又决定着被批准行为的存在和法律效力。另一种观点认为，批准行为是一种程序性行为，是为了保证被批准行为合法的事前监督措施，所以只能从某种条件或程序上对被批准行为加以制约，至于该地方性法规是否符合“设区的市”的具体情况和实际需要，以及立法的形式是否适当、立法的技术是否规范等，原则上应当尊重设区的市的规定和选择。

致，应协调提出解决的方案，保持两级地方性法规的一致。[①]

第三，加强报批前沟通协调。前文曾提出，要在省市重叠立法权事项内提倡市级立法优先，但是，目前市级立法多为行政管理类法规，未来也将涌现一大批新的市级“城市建设管理”类法规，它们不可避免地会有部门利益倾向，可能会因立法主体素质问题存在一些质量上的瑕疵，更可能为将来的立法适用、省市立法协调带来风险。因此，我们在此提出报批前的沟通协调，本质上是要借助省级立法力量，在尽可能保证市级立法核心意见的基础上，尽量减少审议不通过的风险。相应地，在实践中已有一些省份初步建立了“法规草案提前报送审查工作机制”，体现了加强沟通协调的倾向，尽可能地把法规合法性问题解决在市级人大及其常委会正式审议通过之前。[②]

第四，不同阶段审批标准各有侧重。加强法规报批前沟通以及“提前报送审查”机制的探索，其实就是在法规正式报批之前，增设了一个审查渠道，因此，建议根据审查阶段的不同，对报批的市级法

---

① 这点在实践中已有体现，例如《广东省地方立法条例》就规定：“新制定的设区的市的地方性法规与省的地方性法规不一致，省人民代表大会常务委员会认为符合该设区的市实际情况予以批准的，在该设区的市行政区域内适用。……设区的市的地方性法规与新制定的省的地方性法规不一致，适用省的地方性法规，但省人民代表大会及其常务委员会认为设区的市的地方性法规有必要保留的，可以在省的地方性法规中规定设区的市的地方性法规仍然有效。”这些规定虽然是从立法后的适用角度出发的，但的确为解决未来省市立法之间的协调问题，做出了有益探索。

② 例如，《浙江省地方立法条例》第 64 条规定：“设区的市人民代表大会及其常务委员会在拟举行会议审议表决地方性法规案前，可以将该地方性法规草案修改稿报送省人民代表大会常务委员会法制工作委员会征求意见。常务委员会法制工作委员会根据情况转送有关的专门委员会、省人民政府有关部门及其他有关单位、人员征求意见。有关意见由常务委员会法制工作委员会整理后告知设区的市人民代表大会常务委员会。”

规实行分阶段不同审查标准原则。在正式报批阶段，审查标准适度从宽；但在法规草案提前报送省级人大常委会法制工作机构征求意见阶段，以及法规草案提前报送审查等前期阶段，审查标准则应当从严。这里所谓的从严和从宽并不是意味着正式批准阶段的审查十分松散，而是从审查的实际内容多寡角度而言的。简单来说，从严意味着审查项目多，包括合法、合理、技术等多方面，从宽意味着项目变少，仅对合法性进行审查。具体而言，在法规草案报送征求意见、提前报送审查等前期阶段，省级人大常委会法制工作机构审查标准一定要从严、从紧把握，根据省有关部门、专家等各方面的意见，以及承办人深入、细致地认真研究，尽可能多地找出草案所存在的各方面问题，包括合法性、合理性和立法技术规范等方面的问题，文字表述等问题；同时提出尽可能具体详细的修改意见，争取把各个问题解决在市人大常委会会议审议通过之前。对于正式报批的市级法规，省级人大常委会的审查标准则应当适度从宽。在这一阶段省级人大常委会应当做的仅是合法性审查，而不能越俎代庖，将市级法规完全当作省级法规进行全面地重新修改。

（二）加强法规备案审查

法规备案制度虽然并非新生事物，但学界其实对该制度的实效性一直存在疑问。[①]一些学者倾向认为，无论当下备案审查制度设计情况如何，该制度在实践中总是处于被“虚置”的尴尬境地。[②]这种判断并非空穴来风，例如：上海市人大常委会曾在2000年就

① 朱景文:《我国立法监督制度之反思》，载《群言》2015年第1期。

② 石维斌:《我国法规备案审查的问题与对策》，载《人大研究》2007年第6期。

上海市人民检察院是否有权向本级人大提出议案而向全国人大常委会进行请示，全国人大常委会答复："诉讼制度属于全国人大及其常委会的专属立法权，这方面的事项地方人民法院、人民检察院不需要提出地方性法规案。因此，它们不要作为提案主体。"[①]但两年后陕西省西安市人大制定的《西安市制定地方性法规条例》第7条明文规定"市中级人民法院、市人民检察院……可以向市人民代表大会提出法规案"，[②]这一明显违反全国人大常委会"答复"的立法在2003年通过了陕西省人大的备案，后续也顺利通过了全国人大常委会自己的备案，在学界的注视下一直施行了13年，直到2016年当地针对该条例进行修改时，相关内容才被取消，这一实例成为备案审查制度虚置的典型表征。为何会产生这一结果？虽然从备案制度的实施方式以及时间角度，它应被看作是一种对地方立法的事后监督，但备案制度在实际运行过程中仍旧具有一系列局限性。值得注意的是，修订后的《立法法》已经对备案审查制度进行了改进与完善，例如，在具体审查方式方面，增设了主动审查的可能，在审查结果方面，初步构建了结果反馈机制。但是制度设计和地方实践之间仍旧存在较大的差异，结合当下实践情况而言，目前《立法法》对备案审查制度的完善并不能很好地应对未来较大的审查备案压力。例如，一方面，主动审查方式的出现可谓是颇有价值的革新，但《立法法》却将主动审查权限定为"可以"行使，也即，主动审查虽然具备了规范依据，但却仍旧处于"可为亦可不为"的状态。

---

① 参见2000年12月28日《全国人民代表大会常务委员会法制工作委员会关于地方人民法院、人民检察院能否提出地方性法规案的答复》。

② 温耀原：《〈立法法〉修正下法律保留原则研究》，载《西北师范大学学报（社会科学版）》2015年第3期。

另一方面，强制审查机制的落空说明了我国目前在客观上并不具备有案必审的条件，试想未来市级立法成果的大量涌现，势必会进一步增加法规备案审查的机构、人员等现实压力。[①] 并且，如何进行备案结果反馈？需要通过何种渠道具体反馈哪些信息？是否以及何种人员需要对备案结果负责？[②] 等等，这些问题都没有在规范层面得到进一步明晰。

既然市级立法主体大规模扩容对备案制度提出了更高的要求，备案制度势必在未来需要进一步完善与发展。就目前而言，可以先从解决缺乏备案问责机制这些较为明显的问题入手，进一步对该制度进行补全。

第一，强调备案责任机制，建立配套问责机制。对于法规的备案审查而言，能否取得良好的实践效果，很大程度上依赖于报备义务能否被切实履行。也即，必须通过建立备案责任、问责机制，对报备主体进行制度化约束。其目的在于，如果发现不备案、不说明等违反义务的行为，能够及时对相关机关作出相应处理，从而提升报备机关的责任意识，敦促其更好地履行报备义务。

第二，对“备案审查”的理解在不同机关之间应有不同侧重，对市级立法主体而言，努力方向重在“备案”，要逐步消除不备案、不完全备案、备案不说明、选择性说明等恶习；对审查主体而言，工作重心则在“审查”，要逐步扭转只备案不审查，随意审查、选择性审查的恶习。具体而言，各级人大应建立专门的备案审查机关；对各种立法和非立法性文件的审查应落实到具体的工作组和工作人员；审查

---

① 张筱倜：《〈立法法〉修改后我国法规备案审查制度的再检视》，载《理论月刊》2016 年第 1 期。

② 苗连营：《立法法重心的位移：从权限划分到立法监督》，载《学术交流》2015 年第 4 期。

应有明确的报告，报告应当公开；备案中对明显违反上位法规定而不加理睬的，应建立备案错误追究制度等，这些细节化的程序及举措，应当在未来中央立法层面获得明确。

（三）强调解释

前述对市级法规的批准与备案制度的功能多从“审”的视角出发，强调审查、审核市级立法是否符合宪法、法律、行政法规之要求。我们针对批准、备案制度作出了一些完善性建议，除此以外，对于市级立法这一层级较低的立法主体而言，面对规范层面与制度层面的多种限制，应该鼓励市级立法主体，在遇到法律争议时尽量要求“释法”，而不是自行其是、自作主张。在这一层面上，“释法”一方面是“解释”，即解释自己制定的地方性法规；另一方面是“求释”，即下级向上级人大常委会提出释法请求。

许多学者都曾要求立法也要做到“权责统一”[①]，但是，无论是提出要以适当的法律约束立法权[②]也好，还是要求引入立法责任制度也罢，都绕不开“求释”这一前提性条件。毕竟人大作为立法机构在理论上具有无限权力，但在义务、职责、责任等配套制度方面却有所欠缺，这也是地方人大实践中存在僭越职权，但全国人大却对其并无作为的原因所在。换言之，立法机关缺乏配套的责任制度，并未做到“权责统一”。但是，要求其权责统一的前提是下情上达、上情下达。下情上达之后，上级不作为方可问责上级；上情下达之

① 陈伯礼、杨道现：《立法责任的概念与法理分析——以规范立法权为视角》，载《社会科学家》2012 年 S1 期。

② 黄文艺：《谦抑、民主、责任与法治——对中国立法理念的重思》，载《政法论丛》2012 年第 2 期。

后，下级不作为方可问责下级。否则下级遇事皆言“无上级指示”，上级遇事皆言“不了解具体情况”，“需要进一步研究”，如是无人有责，万事废弛。立法事务不同于行政事务，其必须具有常态性的制度支持，而此类制度的核心应当是较为开放的法律解释制度。但反观我国《立法法》规定，有权向全国人大提请解释法律的主体只有6类，分别是“国务院、中央军事委员会、最高人民法院、最高人民检察院和全国人民代表大会各专门委员会以及省、自治区、直辖市的人民代表大会常务委员会”。这背后蕴含的其实仍旧是一种“逐级上报”逻辑，因为该6类主体从某种程度上而言，本就属于全国人大的直接下级。并且，《立法法》并未对这6类有权主体规定上报职责，全国人大常委会也自然没有限时进行解释的义务，从制度层面我们并未能找到法律解释的可靠制度渠道，更遑论处于立法系统基层的市级立法主体了，市级人大及其常委会虽然有细化、执行上位法的基本立法要求，但他们在面对立法争议以及困惑时，是没有稳定渠道能够获得权威法律解释的，但由此造成的责任又必须由自己来承担，这样一来只能选择采取各种非正规手段来“摆平”问题，立法监督类制度被空置实属必然。

从市级立法者角度而言，如果上级不解释，责任又要下级承担，那么下级只能自行其是，只有在各级立法机关的“求释”渠道畅通的前提下，才可能要求城市在履行社会管理职能的过程中自觉地“尊重法制完整性”，在这一意义上，“求释”制度的完善是前述审查制度完善的前提和基础，有“释”才能有“审”。从守法角度而言，法律清晰明确才能得到良好的遵守，要求释法本就是守法者的一项基本权利，而“全民守法”与“逐级释法”并行的结果只能是释法需求与释法供给相脱节，法不清则不便执行，法不执行则无人守法。因此，在立法主体扩容的背景下，很有必要适当放开提请法律解释的主体性限制，切实考虑新兴立法主体——市级人大及其常委会的立法解释需求。并且，我们一直认为，相对于中央层面而言，市级立法和省级立法虽然层级有别，但都归属于地方立法，市级立法自然也属于中央的下级，既然对法律（狭义）的解释权独属全国人大所有，那么在向地方进行释法的过程中，市级自然也是应然对象，既然当下已经选择通过主体扩容释放地方活力，赋予市级立法独立价值，那么地方中的省级实际上也并非必须要成为中央向地方进行释法的“中介”。当然，即便目前不考虑赋予市级立法主体请求解释法律的权利，也应当结合地方立法实际情况，尽可能公开各类有权主体向全国人大提出的法律解释请求及内容，并且要求各级人大承担限时解释义务，从而进一步完善我国法律解释相关制度。

综上，在推进“各级政府事权规范化、法律化”[①]的思路下，我们建议要强调两种不同的权力。第一，强调制定权，即具体的立法事项如何分配，尤其是在地方内部的合理配置问题；第二，强调监督权，反映在批准、审查、解释方面，尤其是当下较为欠缺的“释”和“审”的问题。也即，在制定权方面，充分尊重地方能动性，尤其是在新兴立法层级——市级立法的探索价值基础上，理想化选择是明确省、市各自的立法事项范围，现实性选择是强调重复性事项中市级立法的优先性；在监督权方面，严格遵循现行法律针对市级立法设置的批准、备案、审查规定，但需要通过法律解释和批准备案制度，切实完善针对市级立法的监督工作。

① 楼继伟:《推进各级政府事权规范化、法律化》，载《人民日报》2014 年 12 月 01 日第 7 版。

第三节　加强社会参与监督

对于立法体系当中处于基层的市级立法而言，社会的角色意义更加重要，毕竟它总是会直面实践中出现的各类突发情况。正如托克维尔所言，“社会情况一旦确立，它又可以成为规制国民行为的大部分法律、习惯和思维的首要因素，凡非它所产生的，它都要加以改变”。[①]社会力量在市级立法场域中承担两类角色，一方面，它是立法的基础，一切立法活动、内容都必须考虑当地社会现实状况，另一方面，它又对立法产生一定的矫正监督作用，如果立法脱离了社会现实，就会在社会中产生各种不良影响，从而倒逼法律改变。因此，我们常说是社会决定法律而不是法律决定社会。地方立法权扩容可以被理解为一场促进国家治理现代化的治理试验，在这场试验中，主体虽然是各地的立法机关，但社会才是真正蕴含知识信息的立法实效检验场，更是这场治理试验的最终运作场域。国家治理不可能离成熟的社会，立法活动作为当下的理性治理手段，自然也不能剥离社会这一大环境。相对于国家治理而言，虽然应对市级立法相关问题这一论题稍显微观，但仍旧需要发挥社会力量。修订后的《立法法》多处体现要在立法过程中吸纳社会中的多方意见，也是想要在立法中运用社会力量的最佳表现。因此，作为新兴立法层级，市级立法必须利用自身相对更加“接地气”的优势，在立法活动中激活社会能量，发挥社会功能。

一、强调立法参与

在阿克曼的理论架构中，民主的正当性是一重要议题，他提出需

---

① [法] 托克维尔:《论美国的民主》，董果良译，商务印书馆 1987 年版，第 52 页。

要通过“找回人民”的方式实现制度的优化。之所以要“诉诸人民”，是由于“多阶段的公民投票，能够阻止议案起草者利用公众的无知，以及设计复杂的公决议案来偷偷地塞入代表特殊利益的内容。尽管其漏洞在一次短暂的投票中可能无法被察觉，但是在漫长的岁月里，这些漏洞就有可能被发现并被反对者公之于众”[①]。毕竟如果一项议案能够在普遍的范围内得到一次又一次的通过，那就意味着“该项议案并不是凭借政治策略的侥幸，而是已经赢得了被动员起来的审慎多数的支持”[②]。虽然阿克曼是要在有限的议会制中找回人民，同本书对市级立法权的研究并不相同，但他对人民问题的看重，其实为我们指明了一条可能的道路：在考虑如何实现立法权在各个机关之间清晰分配与规范行使的同时，仍旧需要尝试将立法活动适当地向人民倾斜，也即，通过建构立法参与制度，在城市立法过程中找回人民。

在市级立法当中强调公众参与，其目的一方面是对立法官僚化的防范：“民主与官僚制乃是互相对峙的力量，想要他们互惠，首要的条件还是得让它们先互相对立地组织起来。……行政幕僚借着分工和运用技术上的专门知识来提高工作绩效，但是效率的提高也意味着知识的独占化和身份的特权化。政治民主寻求通过尽可能开放通往支配地位的门户以及通过‘公共舆论影响范围之扩大’，来达到‘权利平等’的境界。”[③] 依照韦伯的建议，任何一个策略运用上有利于封闭社会关系的立场，同时必须有一个策略上有利于开放的立场来作旗鼓相当的对抗，在他所设计的民主政治制度架构中，官僚同民众之间就是

① ［美］布鲁斯·阿克曼：《别了孟德斯鸠》，聂鑫译，中国政法大学出版社 2016 年版，第 46 页。
② ［美］布鲁斯·阿克曼：《别了孟德斯鸠》，聂鑫译，中国政法大学出版社 2016 年版，第 47 页。
③ ［德］施路赫特：《理性化与官僚化——对韦伯之研究与诠释》，顾忠华译，广西师范大学出版社 2004 年版，第 105—107 页。

一种制衡关系。[①] 另一方面，公众参与立法能够改善市级立法能力不足这一现状。立法本就是对各种利益的衡量与选择，设区的市作为目前最低行政层级的立法主体，同公众的距离最近，也同各种社会利益纠纷距离最近。在社会问题日益复杂化的今天，我们很难仅靠立法工作者这一专业化群体，去应对、分析各类当地社会问题、利益关系与立法需求，利益的多元化增大了市级立法难度，但同时也为其带来了更为丰富的社会信息。因而，如何收集并利用这些信息是市级立法主体必须予以重视的问题。我们认为，以立法参与机制扩展公民参与，有助于市级立法主体通过接纳民意这一渠道，获取到更多的有效信息，并且公民也能在参与的过程中表达自身真实诉求，提升立法的民主程度与科学程度。如何帮助公民参与到市级立法过程中？虽然立法参与制度有助于切实解决该问题，但仍旧需要解释的是，当下现实中我们的确无法做到让每位民众都能直接有效地参与到城市立法过程之中。因此，立法参与制度的存在价值不仅在于尽可能地保障公民参与立法，更重要的是实现公民对立法过程的有序参与。需要承认的是，在有限的篇幅内很难对其作出完善的论证，但仍旧可以有针对性地提出以下几点建议：

第一，强调持续性参与。立法并非一项简单的工作，其复杂性、技术性决定了立法必须经过特定的步骤、依循正式的程序，也即，立法是具有过程性的。相应地，公民对立法的参与也需要具有全程性，不能将其限定在立法个别环节。根据以往的实践经验，市级立法虽然具备了亲近民众的基础，但并未对公民意见形成有效利用，表现在立

---

① [德] 施路赫特：《理性化与官僚化——对韦伯之研究与诠释》，顾忠华译，广西师范大学出版社 2004 年版，第 105—107 页。

法参与方面则为，既往实践多在法规案征求意见阶段，以及针对成型法规案的听证阶段引入公民参与，在立法规划制定、立法前调研评估、法规案初步起草等重要阶段较少体现公民参与。考虑到市级立法自身空间已被压缩，以及立法能力状况不甚良好，未来其更需要在立法规划制定、立法前期调研、立法项目论证这些重要的前置性环节中强调对民意的重视，以便挖掘出城市的真实立法需求，制定出城市发展所需之良法。诚然，在这些阶段增设公民参与环节极有可能加大立法成本，降低立法效率，但是，依照经济学理论，制度创新前期成本投入虽然会因民主化程度的提升而增高，但后期制度运行成本则会相应大幅降低，相反，如果前期以牺牲民主化为代价降低制度成本，后期运行成本势必相应升高，如此一来反而会抵消掉之前的成本节省额度，并且产生制度与社会脱节的不良后果。①

第二，强调制度化参与。提倡有序参与立法其实就是要求公民参与立法能够得以制度化、规范化、稳定化。具体而言，立法参与的主体范围、选择依据，参与的原则方式、具体流程，参与的结果效力、相应保障，乃至相关部门的配合职责，等等，都需要得以明晰。在现有市级立法领域内，还未有城市能够对这一系列问题作出系统性回答，相对而言，东部沿海地区一些城市已经通过市级法规、政府规章等形式，对前述内容作出了部分性规定。但是，走在前沿的始终是少数，并且，先驱者的相关规定也面临着不完备、流于形式、片面化的问题，《立法法》虽重视公民参与立法，② 但具体的制度设计问题还并

---

① [美] 罗伯特·D. 考特、托马斯·S. 尤伦：《法和经济学》，施少华等译，上海财经大学出版社 2002 年版，第 81—82 页、第 167—190 页。

② 例如《立法法》第 36 条就规定应以听证形式吸纳各方意见，目前各市也遵循了这一精神，将听证、座谈等体现公众参与的条文写入了当地的立法条例。

未得到切实明确。这都说明了公民参与立法的制度在未来仍旧具有极大的探索与发展空间，相关核心制度如何构建、构建之后如何保障实行，应该成为市级立法下一步的关切所在。

第三，促进公众利益表达的组织化。对于立法参与而言，仅有相关制度的完善是远远不够的，“如果一个国家的人民缺乏一种能赋予这些制度以真实生命力的广泛的现代心理基础，如果执行和运用着这些现代制度的人，自身还没有从心理、思想、态度和行为方式上都经历一个向现代化的转变，失败和畸形发展的悲剧结局是不可避免的”①。在现实生活中，公民参与立法过程并表达自己的利益诉求的形式是多种多样的。从表达能力和效果来看，个人与政府博弈、协商对话的能力是有限的，毕竟公民个人力量单薄、可动用的社会资源少，相应产生的影响也并不大，容易处于被忽视的地位。并且，对立法者而言，公民参与的意义在于获取信息以及降低后期制度运行成本；对于公民而言，参与立法则是为了对自身利益进行维护。但是，独立的公民个体无论是在利益组织还是利益表达方面均不具有优势，加之当下市级立法相关参与制度未得以规范明晰，分散的公民利益不仅难以得到有效整合与传递，甚至可能造成因盲目扩大民主参与程度而带来混乱的参与状态。如此一来，无论是对于立法者还是公民而言，都无法达成其预期目的，立法机关浪费了资源成本，公民则丧失了参与信心与热情。因此，必须促进利益表达的组织化。建议未来可以民间社会组织为参与平台，帮助初步整合公民诉求，并对立法相关信息予以凝练过滤，“社会中各种利益的组织化，也正是公众参与制度赖以维

---

① [美] 英格尔斯：《人的现代化》，殷陆君译，四川人民出版社 1985 年版，第 4 页。

系和有效运行的社会组织基础”[①]。

第四，提升立法透明度，便于公众了解立法信息。中国社科院法学研究所曾就地方人大立法工作信息公开、立法活动、立法公开和参与、立法优化情况，对31个省、自治区和直辖市人大常委会门户网站进行测评，形成了“中国人大地方立法指数报告”，但可惜的是能够达到及格分60分的省级人大只有11个，仅占所有省级单位的三分之一。[②]立法公开有助于公众有效了解立法状况，积极参与立法进程，但当下市级立法在信息公开方面主要存在以下几类问题：第一，立法信息稀少，一些人大网站虽然设置了“立法工作”栏目，但既未进行下属栏目建设也未进行及时更新；[③]第二，立法信息混乱，一些人大网站在立法工作方面看似形式完整，但并未对相关信息进行合理分类；[④]第三，立法成果不透明，公众很难在地方人大网站上查询到当地的地方性法规汇总情况，更难以了解法规的具体内容。[⑤]因此，对于市级

---

① 王锡锌：《利益组织化、公众参与和个体权利保障》，载《东方法学》2008年第4期。

② 李林、田禾主编：《中国地方法治发展报告No.2（2016）》，社会科学文献出版社2016年版，第34—55页。

③ 例如，抚顺市人大的立法工作栏目下，仅有不到两页内容，时间跨度却从2008年至今，相关立法信息的公开与更新数量很少。淮南市人大仅有“地方性法规”这一个栏目，展示了地方立法成果，但是对于其他立法信息却没有显示。这两个城市都是原本的“较大的市”，获得立法权并进行立法实践的时间较长。

④ 沈阳市人大“立法工作”栏目下虽设置了“立法理论研究”和“征求意见”两个栏目，但实际上，立法理论板块下却囊括了全国各地的立法活动、新闻等内容，将近300条立法信息，不仅已经1年多没有更新了，其中有地方意义的内容也很少。

⑤ 市级人大网站中，较为普遍的是通过列表形式展示地方立法成果，郑州市虽然设置了法规数据库栏目，但实际上并不具备检索功能。另外，一些地方人大将立法草案、地方性法规混同列明，十分杂乱，还有些地方人大根本没有对本地法规进行全面展示，唐山市人大仅公布了地区现行有效法规名录，对于法规具体内容等信息没有显示，在人大网站的立法工作板块，反而是机票订购、天气预报、地图查询等便民服务信息十分充沛。

立法而言，建议未来主要从以下几方面入手，构建起完善的立法公开制度：首先，立法过程公开。立法过程公开是当下多地的立法公开短板，在地方立法中要求立法过程公开，是指制定法规时，对主要环节的立法信息进行公开，以便公众知悉、监督。①其次，立法成果公开。立法成果公开，其实就是指及时将地方立法机关制定的法规文本向社会公开，以帮助人们了解并遵守该法规。其实，立法成果的及时广泛公开，是一种成本最为低廉、收效却较好的普法手段。最后，立法相关信息公开。建议各地人大发挥好法治试验田的作用，在各地探索建立法规文档公开制度，对立法原因、立项调研资料，法规草案、征求意见稿，法规草案审议情况、修改情况，法规草案审议报告、修改报告，以及其他与法规制定相关的文件、记录，都应当公开，以便公众了解立法的基本情况，使得公民能够在理解认同的基础上自觉守法，并且为法规提供一个便于接受质询的机会。②

二、完善立法评估

法规的出台并不意味着立法活动的终结，一部法规的综合质量

---

① 以立法听证制度为例，建议地方立法机关可以在以下几方面强化立法过程公开：在进一步明确立法听证范围的基础上，逐步扩大适用立法听证的事项范围，并且对其进行硬性的“应当”听证规定，而非模糊的“可以”听证规定；立法听证的过程，除了涉及国家秘密之外的均必须公开进行，包括参与人员的选取标准、原因等也都要经得起质询；听证的结果也需要制度化公开化，为保证听证过程具备实效，必须建立听证结果回应机制，对于需要采纳的听证意见均需采纳，对于不能采纳的意见则必须说明理由向公众作出合理解释。

② 在地方立法的过程中会产生多种多样的立法信息，但是除极个别的地区以外，基本上很少地方有勇气对立法相关信息作出透明化处理。在这方面，上海市一直走在全国前列，法规立项规划、法规草案审议意见、法规草案修改意见、征求意见情况等，基本上均能在当地人大的网站上查询的到。

毕竟还需要交给实践去检验，交由民众对其作出评判。并且，法规制定得再完善，也需要面对事态变迁这一客观问题，长效立法评估制度的建立，也是为了保证及时对法规进行清理、修正，以便于保持地方立法的与时俱进。目前学界对于立法评估还未形成一个较为统一的概念，概言之，立法评估是由法定主体或委托主体对法律等规范性文件进行前瞻性或回溯性的预测和评价。就立法评估这一概念本身而言，可以立法过程为参照，将其区分为立法过程前评估（亦可称之为立法前评估）、立法过程评估以及立法后评估。[①] 其中，立法前评估，主要回答“是否需要针对该事项立法”，它不可避免地要涉及一些价值预判问题，例如评估立法成本状况、对社会环境整体影响情况等。[②] 立法后评估，则主要回答“法律（规）实践效果如何”，它主要是对制度运行过程中产生的各类情况进行评判，在综合考量法律（规）实行中对社会带来的客观影响的基础上，分析执法、司法、守法现象，并对法律（规）的实效作出判断，衡量是否具有优化的必要。[③] 而对立法过程的评估则相对研究较少，主要是针对立法时机、立法内容、立法程序等所作出的评价。

我国在立法评估方面具有独特的中国经验，自 2005 年以来，我国中央、地方层面相继开展了系列立法评估实践，具体涉及全国人大常委会、国务院、地方人大及政府多个主体。并且，相关地方也

① 汪全胜：《立法后评估概念阐释》，载《重庆工学院学报（社会科学版）》2008 年第 6 期。

② 俞荣根：《地方立法前质量评价指标体系研究》，载《法治研究》2013 年第 5 期。

③ 席涛：《立法评估：评估什么和如何评估（上）——以中国立法评估为例》，载《政法论坛》2012 年第 5 期。

在此基础上拟定了一些具体评估办法。[①]这些评估实践已经镶嵌到我国立法体制当中，具有了独特的价值与功能。诚如学者研究，除却一般意义上的提升立法质量、加强立法监督之外，“再制度化”也是我国立法评估实践的特有属性。[②]为何会有如此判断？这是同我国当下特殊立法实践分不开的。在承认立法事权纵向划分的基础上，我国存在中央立法与地方立法两大板块，其中，地方立法内部又存在省级立法与市级立法两类。但是，无论层级状况如何，事权划分之目的在于适应我国客观存在的大国国情，因此，理论上而言，在立法纵向结构内，立法的概括性、原则性、全局性会随着立法层级的上升而出现显著增长，而操作化、具体化、个性化则会在相对下位立法中得到进一步彰显。因此，上级立法，尤其是中央立法，往往承担的是初级制度化任务，进而为下位立法预留了立法空间，毕竟无论是执行性立法还是现行立法，都需要谨守不抵触基本边界。因此，下位立法其实就承担了“再制度化”的使命，对于目前处于立法纵向层级最基层的市级立法而言，这种“再制度化”特色也就更加突出。并且，事权划分理论同试验治理理论之间客观上具有同构性，市级立法的试验试错价值也使其成为未来地方法治创新与法治竞争的主要担当者，因此，当市级立法的“再制度化”试验先驱角色成型后，与其对应的立法评估制度就具备了存在价值，毕竟市级立法对上位法的“再制度化”探索仅仅是一种前导性尝试，立法实效如何更需要通过评估渠道得以检验和

---

① 例如广东省、安徽省、吉林省、湖南省、甘肃省、湖北省、海南省等地地方人大常委会和政府，已经针对当地少数法规、规章进行过立法后评估，一些地区还出台了专门的评估办法，例如《苏州市规章立法后评估办法》《广东省政府规章立法后评估规定》《海南省人民政府办公厅关于开展立法成本效益分析工作的实施意见》等。

② 参见任尔昕等：《地方立法质量跟踪评估制度研究》，北京大学出版社 2011 年版，第 1 页。

凝练，这正是试验治理竞争—学习机制的应有之义。可以试想，如果缺乏了立法评估制度，基层治理经验不仅无法在各个城市之间得到学习，也难以有效反馈至省级乃至中央层面。并且，缺乏了立法评估这一重要的监督约束手段，市级立法的“再制度化”过程就极有可能演变为攫取地方利益与部门利益的主要方式，从这一角度而言，完善立法评估制度其实是保障法制统一底线不被触及，同时强调城市立法积极性与中央权威性的关键环节。

虽然中央与地方层面均存在一些立法评估探索活动，但现有立法评估就本质而言绝大多数都是立法后评估，也即，主要是对相关法律文本实行多年后的社会效果展开的综合评价。比较典型的做法是选择该地区某一部地方性法规或政府规章，采取问卷、调研、座谈等方式，依照必要性、合法性、协调性、可操作性和实效性等笼统标准，针对单一法律法规内容进行相关评价，以便于提出修改、废止或者立新法的意见或建议。虽然立法后评估的检验实效作用十分重要，但是长效立法评估制度的确立并不会仅仅具备立法后评估这一个面向，故而在此建议，需要逐步实现地方立法评估的常态化、制度化、法律化。具体则要从时间上在立法前、立法中、立法后均引入相应的评估制度，从内容上，将法规清理、法规实效、法规制定程序等纳入法规评估体系，为市级立法质量的提升保驾护航。

首先，建议对制定法规的不同阶段开展重点不同的评估活动。根据市级立法实际状况，立法前评估和立法后评估是必须要持续开展的，立法前主要集中进行成本收益、必要性等评估，立法后则主要进行法规实效评估。以往相关评估实践多为地方政府主导，但“这种自上而下的评估容易导致少数官员只唯上、不唯下，结果是上级满意而群众不满意”[①]，并且“可能就只是为了满足一些特定的政治需求，或者为了造势，或者为了向民众展示一种政治形象，其实施效果却可能不受重视”[②]。目前最佳办法是寻找一个中立的第三方去设计、测算、运行评估体系，该第三方需要有足够的人力与智识资源，其专业功底与能力要能够匹配地方立法前、立法后不同评价体系的设计、测算与运行要求。其实，可以合理利用不同地区的高校、研究所等科研机构，考虑将设计、测算、运行主体交由科研机构担任的可能性。最终形成“高校设计运行，政府支持参与”的局面。[③]其次，建议从法律层面明确立法评估的重要地位，倒逼地方重视对法规进行评估，克服第三方评估结果约束力差，公众对法规的现实评价难以进入正式议程这一缺陷，要求地方对于评估结果必须给予正式回应，并且在立法活动中体现对以往评估结果的运用。

除此之外，建议配套开展法规定期清理工作和上位法情况跟踪工作。具体而言，一方面要对地方性法规进行定期清理。经验证明，定期清理是确保地方立法内在统一性、协调性、科学性和权威性的有效手段。我国早在古代就专设过定期修律机制，这一机制今天仍具有重要的借鉴意义。建议各市考虑建立地方立法的定期清理机制，具体清理工作可委托第三方机构独立进行，也可以由立法机关指派专门团队进行清理，还可以两种方式同时进行，通过对清理报告的分析比对，从中寻找差距、发现不足，为地方立法提供经验和教训。这一建议对于旧市尤其重要，这是因为旧市本身就存在一定的立法成

① 邓国胜、肖明超等：《群众评议政府绩效理论、方法与实践》，北京大学出版社2006年版，第5页。

② 孟华：《政府绩效评估：美国的经验与中国的实践》，上海人民出版社 2006 年版，第 81 页。

③ 杨惠琪：《如何量化法治——地方法治指数现状、争议与操作设想》，载《社会科学论坛》2016 年第 5 期。

果，《立法法》修改后带来了一系列权限内容方面的调整，亟需对原有的立法成果进行集中清理，以便发现那些不符合当下社会情况以及法律制度要求的地方性法规。对于新获权的城市而言，虽然目前立法成果还相对较少，但随着立法工作的深入开展，也必须从源头上树立定期清理本地法规的意识，以便为市级立法长远有序发展打下坚实的基础。

另一方面，对于市级立法而言，低层级性决定了它的上位法范围十分广泛，上位法对同一立法事项是否已经作出过相关规定、规定是否详细以及规定具体内容如何，将会在很大程度上影响市级立法的发挥空间及具体条文安排，因此，详尽地掌握各类上位法信息，是市级立法主体必须予以重视的，也是我们防范越权立法、立法冲突的有力手段。具体而言，市级立法需要对上位法的立、改、废情况时刻保持关注，确保市级立法的合法性。建议可考虑在人大内部建立对上位法立、改、废的跟踪机制，待成熟以后再继续对其他地方立法成果进行追踪，为相关领域的市级立法提供系统、全面的经验借鉴和参考。

小　结

结合前文分析能够发现，对市级立法进行优化的关键在于，在认可市级立法功能价值的基础上，对市级立法权配置及其行使进行完善。具体而言，现有制度希望依靠事先理性设计，达到立法权分配清晰的效果。虽然这是贯彻法制统一要求的应有之义，但仅靠外部视角的预先理性建构仍旧无法满足当下市级立法需求，在经历收放改革后，目前同样需要在厘清权限的基础上，辅之以恰当的行权约束与监督。综上，在这一理念的指引下，对市级立法制度的未来发展优化提出以下几点建议：权力配置方面需要紧扣促进国家治理现代化的基本精神，探索适时开放有权立法事项的可能，并且结合事权纵向划分需求，提倡市级优先行权原则，以破解省市立法权重叠问题。权力约束方面则需以立法辅助制度提升立法能力，防范立法官僚化及权力滥用，并通过建构审（法规批准、备案）释（法律法规解释）结合机制来强化对市级立法权的监督。立法事权纵向划分虽然侧重各个主体间的事权纵向配置，但市级立法活动从来不会处于真空之中，社会是其实现与发展的最终场所，对于市级立法而言，除了立法体制内的权力配置与约束之外，更需要借助社会力量，探索建立市级立法公众参与机制，以及第三方立法评估制度，激活社会能量，补充完善市级立法的多元化监督体系。在上述三方合力之下，市级立法权不仅能够在配置、约束方面达到完善，也能够在国家与社会之间求得平衡，实为市级立法未来优化发展的制度化进路所在。

结　论

一、寻求多样与统一的平衡

在我国传统国家观念中，占据支配地位的是一种中央集权主义的历史观，在这种政治文化中，地方权力从来没有获得过基于“正统”的合法性。[①]不过，我国作为超大型的发展中国家，单一制的国家权力结构形式并不排斥进行合理的事权划分。无论国家权力结构如何，尤为关键的是如何在保持适度中央集权的基础上，推进制度化合理化央地立法事权划分。这其实也是我国处理央地关系时所要面临的老问题：如何既发挥中央积极性又调动地方积极性。就立法而言，我国在中央统一领导的基础上形成了“多级并存、多类结合”的立法体制。这种制度安排不仅强调了“大国”法律系统作为一个整体的对外规范性，也反映了系统内部对法律渊源的多样性需求。因此，立法事权的纵向划分，其实就是努力在多样与统一之间找到平衡。

我国既往实践证明，未来我国改革发展的力量主要蕴含于地方，尤其是地方中的基层。毕竟，相当一部分具有革新意义的创造性实践仍旧需要基层这一试验场域，因此，立法权扩容至市级主体具有一定

---

① [美] 杜赞奇：《从民族国家拯救历史》，王宪明等译，社会科学文献出版社 2003 年版，第 168—170 页。

的现实意义。毕竟，在城市缺乏立法权的情况下，改革也好创新也罢，都会不可避免地同法律之间产生一种自然时间向度上的先后之别，现实中对“先变革后变法”的风险分析也并不鲜见。[①] 因此，国家将立法权主动下放就成为当下的必然选择，毕竟立法主体扩容是促使地方遵守宪法和法律，以法治思维和法治方式推动地方依法改革，降低改革成本，克减改革过程中的反复恣意，有效预防和控制改革风险的治本之道。可以预见，在中国未来的法治发展道路上，市级立法不仅将在地方立法中逐渐占据重要地位，也将对整个国家的法治建设影响深远。

总结而言，市级立法的治理价值自然应当被重视，但同时其未来发展更需要被保障。毕竟市级立法层级成型之后，我国法律规范的多样性、多元化特征必然得到凸显，那么确保法制统一就成为现有制度设计的题中之义。因此，立法权的一收一放其实就是一次缓和多样、统一之间张力的有益探索，但是，任何制度都不可能一经设计就趋于理想，试图完成这一使命更需要花费大量的社会机会成本。[②] 如何立足当下市级立法实践，及时发现我国立法体制当中出现的问题，进而对相应制度设计进行调试，就成为保障改革发挥预期成效的必然要求。也是基于上述种种考量，我们才选择对目前市级立法相关理论与实践情况作出考察，以求找到合适的优化方案。

二、研究试图做到什么

导论部分对问题意识做了简单介绍，就研究最终目的而言，无论

---

① 刘怡达:《改革范式的演变与立法模式》，载《学习时报》2014 年 8 月 11 日，第 5 版。

② [美] 理查德·波斯纳:《法律的经济分析》，蒋兆康译，法律出版社 2012 年版，第 373 页。

是理论阐述还是实证分析，都是希望完善立法权配置，帮助市级立法层级用好手中的权力。因此，导论中提出的问题被进一步分解为四个主要议题：市级立法层级缘何形成？当下对其权力界定状况如何？现有理论与制度背景下，市级立法实践效应如何？如何结合立法实践情况进行制度优化？这四大议题又进一步被展开为如下论证任务：对市级立法层级成型机理与功效的具体梳理，对市级立法权力配置理论与制度设计的反思，对市级立法实践状况的客观分析，对当下制度方案的改进途径。具体而言，本书试图在论证前述议题的基础上，得出以下基本观点：

第一，立法主体扩容具有规范、历史、理论三重考量。从规范层面而言，通过较大的市向设区的市的转变，市的立法身份得以整合；就历史发展而论，市级立法层级的形成不仅符合城市自身发展逻辑，更是对我国央地立法事权划分趋势以及府际关系演变的必然回应；在理论视角之下，立法主体扩容是国家治理现代化的题中之义，并能够在试验治理方法论中得到阐释，同时又具备难得的信息优势与制度竞争价值。

第二，在肯定市级立法价值的前提下，认为市级立法权具有理论正当与现实功能，并且出于法制统一考量而需要明晰市级立法权限，但经论证后发现，现有体制仍具备较大完善空间。具体而言，立法体制调整之后，目前对市级立法权内容与边界的限定主要体现在：地方性事务、可立法事项、不抵触上位法三方面，但却出现了：立法事项模棱两可、地方事务范围模糊不清、立法内容限制广泛且存在变动等客观问题，市级立法权仍旧存在较大被滥用风险。

第三，通过对扩容后一定时间内市级立法实践状况的实证分析，对前述理论观点进行了基本验证：一方面，主体扩容的预期功能通过积极立法、特色立法、规范治理等方面得到了证成；另一方面，实践中出现的权限需求不匹配、立法文本重复、省市立法重叠等状况，凸显了当下立法体制在市级立法权配置、立法能力、城市立法需求方面存在应对困难，吻合前文提出完善立法体制的基本判断。

第四，以优化权力配置、约束权力行使、发挥社会功能三方联动形式，助推市级立法未来发展，实现立法体制进一步优化。具体而言，首先，建议适时开放有权立法事项，提倡共有立法权由市级优先行使原则。其次，以立法辅助制度提升立法能力，防范立法官僚化及权力滥用，并通过建构审释结合机制强化行权约束。最后，仍需借助社会力量，强调立法参与有序化、制度化，建立长效第三方评估制度。在三方合力之下，市级立法权不仅在配置、约束方面得到发展，也会在国家与社会之间求得平衡，相应地，立法体制自然也能获得优化。

三、研究未尽之事

市级立法权的设置和推行能够在理论层面和实践领域为中国的城市立法打开一条通衢。本书的最大意义在于用主体性视角审视市级立法的特殊性以及市级立法层级成型逻辑，并且，尝试用实践数据检验当下方案设计的科学实效性，探索市级立法未来发展方向，提出市级立法乃至立法体制优化的具体路径。但是，必须承认，目前理论界、实务界对于市级立法的各项研究都尚处于探索阶段，本书仅是诸多研究之中的一种尝试，必然会有不足之处，同时，这些不足也是未来可以继续深耕的研究方向。

首先，虽然当下市级立法热情高涨，但在有限的研究期间内，可供分析的市级立法行为、文本数量有限，因此，实证研究不可避免地会存在样本体量及数据误差问题。虽然已经对当下实践情况尽可能地作出了阐释，但是现实中不可能存在没有误差的分析，未来随着市级立法实践的深入开展，面对越来越多的立法成果，重新选取样本会对我们的研究产生多大的偏差影响，这在当下是无法确定的。因此，本书仅能对研究期间内的市级立法现实及理论分析负责，这种时间尺度上的理论更新问题，的确也是本书不可避免的缺憾。其次，囿于研究任务及篇幅所限，本书在路径分析部分已经尽可能地安排了内容，并希望发现当下雷同度较高的理论研究中所容易忽视的地方。虽然在权力配置、行使、监督三个维度中，都提出了属于自己的见解，并在一定程度上走出了当下针对市级立法的对策式研究的篱栅。但是，必须承认相关的分析仍旧有待深入论证，这点不仅是研究的未尽之处，也是未来相关研究的可能性方向。

我国的立法制度要在强调“大国”法律系统整体上对外规范性的同时，注重反映法律体系内部对法律渊源多样性的需求，在立法权扩容基础上形成的市级立法相关实践，亦是在统一性与多样性之间找寻平衡的有益探索。必须承认，目前处于立法体系“基层”位置的市级立法具有无可替代的实践价值，随着改革进程持续推进，相关问题也必将在我国单一制国家结构形式之下得到进一步展开。新立法权格局下，市级立法价值应当被重视，其发展更需要被保障。对于未来中央与地方立法关系、地方内省市立法关系而言，参与各方均会在博弈过程中不断调整各自的期待与行为，新的行为规范、博弈规则等制度性安排也会在此过程中逐渐成型。相应地，市级立法相关研究还需要留待实践检验，即便如此，对该领域问题保持一种清醒认识与持续关注，亦是本书旨趣所在。

参考文献

一、中文类参考文献

（一）著作类

1. 薄贵利：《中央与地方关系研究》，吉林大学出版社 1991 年版。

2. 蔡茂寅：《地方自治之理论与地方制度法》，新学林出版股份有限公司 2006 年版。

3. 蔡秀卿：《地方自治法理论》，学林文化事业有限公司 2003 年版。

4. 陈安国：《城市区域合作》，商务印书馆 2010 年版。

5. 陈伯礼：《授权立法研究》，法律出版社 2000 年版。

6. 陈敏：《行政法总论》，新学林出版股份有限公司 2007 年版。

7. 陈之迈：《中国政府》（第三册），商务印书馆 1946 年版。

8. 崔之元、甘阳编：《中国改革的政治经济学》，牛津大学出版社 1997 年版。

9. 崔卓兰等：《地方立法实证研究》，知识产权出版社 2007 年版。

10. 戴均良：《中国市制》，中国地图出版社 2000 年版。

11. 邓正来：《中国法学向何处去》，商务印书馆 2006 年版。

12. 董皞：《论法律冲突》，商务印书馆 2013 年版。

13. 董礼胜：《欧盟成员国中央与地方关系比较研究》，中国政法大学出版社 2000 年版。

14. 董书萍：《法律适用规则研究》，中国人民公安大学出版社 2012 年版。

15. 董翔飞：《地方自治与政府》，五南图书出版公司 1982 年版。

16. 封丽霞：《中央与地方立法关系法治化研究》，北京大学出版社 2008 年版。

17. 冯兴元：《地方政府竞争》，译林出版社 2010 年版。

18. 傅大友、袁勇志、芮国强：《行政改革与制度：创新地方政府改革的制度分析》，上海三联书店 2004 年版。

19. 葛洪义等：《我国地方法制建设理论与实践研究》，经济科学出版社 2012 年版。

20. 葛剑雄：《统一与分裂中国历史的启示》，生活 · 读书 · 新知三联书店 1994 年版。

21. 顾建亚：《行政法律规范冲突的适用规则研究》，浙江大学出版社 2010 年版。

22. 关山、姜洪主编：《块块经济学：中国地方政府经济行为分析》，海洋出版社 1990 年版。

23. 郭道晖、周旺生、王晨光主编：《立法——原则、制度、技术》，北京大学出版社 1994 年版。

24. 韩大元：《1954 年宪法制定过程》，法律出版社 2014 年版。

25. 胡书东：《经济发展中的中央与地方关系——中国财政制度变迁研究》，上海人民出版社 2001 年版。

26. 胡鞍钢、王绍光、周建明：《第二次转型国家制度建设》，清华大学出版社 2003 年版。

27. 季卫东：《法治秩序的建构》，中国政法大学出版社 1999 年版。

28. 靳润成主编：《中国城市化之路》，学林出版社 1999 年版。

29. 江国华：《立法：理想与变革》，山东人民出版社 2007 年版。

30. 雷磊：《规范理论与法律论证》，中国政法大学出版社 2012 年版。

31. 李步云主编：《立法法研究》，湖南人民出版社 1998 年版。

32. 李步云、汪永清主编：《中国立法的基本理论和制度》，中国法制出版社 1998 年版。

33. 李林：《立法理论与制度》，中国法制出版社 2005 年版。

34. 梁启超：《新大陆游记》，湖南人民出版社 1981 年版。

35. 林尚立：《国内政府间关系》，浙江人民出版社 1998 年版。

36. 林尚立：《制度创新与国家成长》，天津人民出版社 2005 年版。

37. 林毅夫等：《中国的奇迹：发展战略与经济改革》，上海三联书店 1994 年版。

38. 林子仪等：《宪法——权力分立》，新学林出版股份有限公司 2008 年版。

39. 刘承礼：《以政府间分权看待政府间关系：理论阐释与中国实践》，中央编译出版社 2016 年版。

40. 刘君德、范今朝：《中国市制的历史演变与当代改革》，东南大学出版社 2015 年版。

41. 刘茂林主编：《公法评论》（第四卷），北京大学出版社 2007 年版。

42. 刘明利编著：《立法学》，山东大学出版社 2002 年版。

43. 刘莘：《行政立法研究》，法律出版社 2003 年版。

44. 卢现祥：《西方新制度经济学》，中国发展出版社 1996 年版。

45. 罗传贤：《立法程序与技术》，五南图书出版公司 1996 年版。

46. 马怀德主编：《中国立法体制、程序与监督》，中国法制出版社 1999 年版。

47. 马新福等：《立法论——一种法社会学视角》，吉林人民出版社 2005 年版。

48. 彭和平、侯书森编著：《城市管理学》，高等教育出版社 2009 年版。

49. 张春生主编：《中华人民共和国立法法释义》，法律出版社 2000 年版。

50. 全国人大常委会法制工作委员会国家法室编著：《中华人民共和国立法法释义》，法律出版社 2015 年版。

51. 阮荣祥主编：《地方立法的理论与实践》，社会科学文献出版社 2008 年版。

52. 沈岿：《公法变迁与合法性》，法律出版社 2010 年版。

53. 盛洪主编：《中国的过渡经济学》，上海人民出版社 2006 年版。

54. 苏力：《道路通向城市：转型中国的法治》，法律出版社 2004 年版。

55. 孙波：《中央与地方关系法治化研究》，山东人民出版社 2013 年版。

56. 孙柏瑛：《当代地方治理——面向 21 世纪的挑战》，中国人民大学出版社 2004 年版。

57. 汤唯、毕可志等：《地方立法的民主化与科学化构想》，北京大学出版社 2002 年版。

58. 谭天星、陈关龙：《中西城市发展的比较》，江西人民出版社 1999 年版。

59. 熊文钊：《大国地方：中央与地方关系法治化研究》，中国政法大学出版社 2012 年版。

60. 汪全胜:《制度设计与立法公正》, 山东人民出版社 2005 年版。

61. 汪洪涛:《制度经济学: 制度及制度变迁性质解释》, 复旦大学出版社 2003 年版。

62. 王莉君:《法律规范研究》, 法律出版社 2012 年版。

63. 王丽萍:《联邦制与世界秩序》, 北京大学出版社 2000 年版。

64. 王绍光:《分权的底限》, 中国计划出版社 1997 年版。

65. 胡鞍钢、王绍光、康晓光:《中国地区差异报告》, 辽宁人民出版社 1995 年版。

66. 王晓民主编:《议会制度及立法理论与实践纵横》, 华夏出版社 2002 年版。

67. 王云奇主编:《地方立法技术手册》, 中国民主法制出版社 2004 年版。

68. 魏宏:《法律的社会学分析》, 山东人民出版社 2003 年版。

69. 翁岳生编:《行政法》(上册), 中国法制出版社 2000 年版。

70. 吴大英等:《中国社会主义立法问题》, 群众出版社 1984 年版。

71. 吴国光、郑永年:《论中央—地方关系: 中国制度转型中的一个轴心问题》, 牛津大学出版社 1995 年版。

72. 吴敬琏:《当代中国经济改革》, 上海远东出版社 2004 年版。

73. 习近平:《干在实处　走在前列——推进浙江新发展的思考与实践》, 中共中央党校出版社 2013 年版。

74. 辛向阳:《大国诸侯——中国中央与地方关系之结》, 中国社会出版社 2008 年版。

75. 辛向阳:《百年博弈: 中国中央与地方关系》, 山东人民出版社 2000 年版。

76. 辛向阳:《解读中国》, 江西人民出版社 2001 年版。

77. 徐向华:《中国立法关系论》，浙江人民出版社 1999 年版。

78. 杨临萍:《中国司法审查若干前沿问题》，人民法院出版社 2006 年版。

79. 杨解君:《走向法治的缺失言说》（二），北京大学出版社 2005 年版。

80. 杨景宇:《法治实践的理性探求》，中国法制出版社 2002 年版。

81. 易有禄:《正当立法程序研究》，中国社会科学出版社 2009 年版。

82. 尹中卿主编:《人大研究文萃》（第一卷），中国法制出版社 2004 年版。

83. 游劝荣:《法治成本分析》，法律出版社 2005 年版。

84. 俞可平:《中国治理变迁 30 年》，社会科学文献出版社 2008 年版。

85. 俞荣根:《地方立法质量评价指标体系研究》，法律出版社 2013 年版。

86. 喻中:《乡土中国的司法图景》，中国法制出版社 2007 年版。

87. 曾祥瑞:《新日本地方自治制度研究》，中国法制出版社 2005 年版。

88. 张根大:《法律效力论》，法律出版社 1999 年版。

89. 张静:《基层政权：乡村制度诸问题》（增订本），浙江人民出版社 2007 年版。

90. 张军:《不为公众所知的改革》，中信出版社 2010 年版。

91. 张千帆:《宪法学导论——原理与应用》，法律出版社 2004 年版。

92. 张志红:《当代中国政府间纵向关系研究》，天津人民出版社 2005 年版。

93. 郑永年:《中国的“行为联邦制”：中央—地方关系的变革与动

力》，邱道隆译，东方出版社 2013 年版。

94. 周其仁：《产权与制度变迁中国改革的经验研究》，北京大学出版社 2004 年版。

95. 周旺生、张建华主编：《立法技术手册》，中国法制出版社 1999 年版。

96. 周旺生：《立法论》，北京大学出版社 1994 年版。

97. 周旺生：《立法学教程》，北京大学出版社 2006 年版。

98. 周雪光：《组织社会学十讲》，清华大学出版社 2004 年版。

99. 邹东涛：《经济中国之新制度经济学与中国》，中国经济出版社 2004 年版。

100. 中华人民共和国民政部编：《中华人民共和国行政区划简册(2019)》，中国地图出版社 2019 年版。

101. 中共中央文献研究室编：《习近平关于全面依法治国论述摘编》，中央文献出版社 2015 年版。

102. [美] 阿尔文 · 托夫勒：《未来的冲击》，孟广均等译，新华出版社 1996 年版。

103. [瑞典] 埃里克 · 阿姆纳、斯蒂格 · 蒙丁主编：《趋向地方自治的新理念》，杨立华、张菡、吴瑕译，北京大学出版社 2005 年版。

104. [奥] 埃利希：《法社会学原理》，舒国滢译，中国大百科全书出版社 2009 年版。

105. [法] 贝尔纳 · 夏旺斯：《制度经济学》，朱乃肖等译，暨南大学出版社 2013 年版。

106. [英] 戴维 · 毕瑟姆：《官僚制》，韩志明、张毅译，吉林人民出版社 2005 年版。

107. [美] 道格拉斯 · C. 诺斯：《制度、制度变迁与经济绩效》，刘守英译，上海三联书店 1994 年版。

108. [美] 杜赞奇：《从民族国家拯救历史》，王宪明等译，社会科学文献出版社 2003 年版。

109. [法] 费尔南 · 布罗代尔：《15 至 18 世纪的物质文明、经济和资本主义》（第一卷），顾良、施康强译，生活 · 读书 · 新知三联书店 1992 年版。

110. [德] 哈贝马斯：《在事实与规范之间》，童世俊译，生活 · 读书 · 新知三联书店 2003 年版。

111. [英] 哈特：《法律的概念》，张文显等译，中国大百科全书出版社 1996 年版。

112. [美] 汉密尔顿、杰伊、麦迪逊：《联邦党人文集》，程逢如等译，商务印书馆 1980 年版。

113. [德] 汉斯 · J. 沃尔夫等：《行政法》，高家伟译，商务印书馆 2002 年版。

114. [法] 霍尔巴赫：《自然政治论》，陈太先等译，商务印书馆 1994 年版。

115. [美] 华莱士 · E. 奥茨：《财政联邦主义》，陆符嘉译，译林出版社 2012 年版。

116. [美] 吉尔伯特 · 罗兹曼：《中国的现代化》，国家社会科学基金“比较现代化”课题组译，江苏人民出版社 2010 年版。

117. [美] 凯尔森：《法与国家的一般理论》，沈宗灵译，中国大百科全书出版社 1996 年版。

118. [美] 克利福德 · 吉尔兹：《地方性知识：事实与法律的比较透视》，邓正来译，载梁治平编：《法律的文化解释》（增订本），生活 · 读书 · 新知三联书店 1998 年版。

119. [德] 柯武刚、史漫飞:《制度经济学:社会秩序与公共政策》,韩朝华译,商务印书馆 2000 年版。

120. [德] 卡尔·拉伦茨:《法学方法论》,陈爱娥译,商务印书馆 2004 年版。

121. [美] 凯尔森:《法与国家的一般理论》,沈宗灵译,中国大百科全书出版社 1996 年版。

122. [美] 克利福德·吉尔兹:《地方性知识:阐释人类学论文集》,王海龙等译,中央编译出版社 2004 年版。

123. [美] 理查德·波斯纳:《法律的经济分析》,蒋兆康译,法律出版社 2012 年版。

124. [美] 李侃如:《治理中国:从革命到改革》,胡国成、赵梅译,中国社会科学出版社 2010 年版。

125. [英] 洛克:《政府论》(下),瞿菊农、叶启芳译,商务印书馆 1986 年版。

126. [美] 罗伯特·C. 埃里克森:《无需法律的秩序——邻人如何解决纠纷》,苏力译,中国政法大学出版社 2003 年版。

127. [美] 罗伯特·D. 考特、托马斯·S. 尤伦:《法和经济学》,施少华等译,上海财经大学出版社 2002 年版。

128. [英] 密尔:《代议制政府》,汪瑄译,商务印书馆 1984 年版。

129. [日] 美浓部达吉:《宪法学原理》,欧宗佑、何作霖译,中国政法大学出版社 2003 年版。

130. [法] 孟德斯鸠:《论法的精神》,许明龙译,商务印书馆 2012 年版。

131. [英] 玛利亚·乔纳蒂:《自我耗竭式演进——政党—国家体制的模型与验证》,李陈华、许敏兰译,中央编译出版社 2008 年版。

132. ［英］迈克尔·豪利特、M. 拉米什：《公共政策研究：政策循环与政策子系统》，庞诗等译，生活·读书·新知三联书店 2006 年版。

133. ［英］帕特里克·贝尔特等：《二十世纪以来的社会理论》，瞿铁鹏译，商务印书馆 2014 年版。

134. ［德］施路赫特：《理性化与官僚化——对韦伯之研究与诠释》，顾忠华译，广西师范大学出版社 2004 年版。

135. ［美］史蒂芬·霍尔姆斯等：《权利的成本——为什么自由依赖于税》，毕竞悦译，北京大学出版社 2004 年版。

136. ［日］松村岐夫：《地方自治》，孙新译，经济日报出版社 1989 年版。

137. ［美］文森特·奥斯特罗姆：《美国联邦主义》，王建勋译，上海三联书店 2003 年版。

138. ［美］文森特·奥斯特罗姆、罗伯特·比什、埃莉诺·奥瑟特罗姆：《美国地方政府》，井敏、陈幽泓译，北京大学出版社 2004 年版。

139. ［古希腊］亚里士多德：《政治学》，吴寿彭译，商务印书馆 1997 年版。

140. ［英］伊夫·梅尼、文森特·赖特主编：《西欧国家中央与地方的关系》，朱建军等译，春秋出版社 1989 年版。

141. ［美］英格尔斯：《人的现代化》，殷陆君译，四川人民出版社 1985 年版。

142. ［比］尤利·德沃斯特、门镜：《欧洲一体化进程——欧盟的决策与对外关系》，门镜译，中国人民大学出版社 2007 年版。

143. ［美］詹姆斯·马奇：《决策是如何产生的》，王元歌、章爱民译，机械工业出版社 2007 年版。

（二）论文类

144. 朱光磊、何李：《从竞争到伙伴：中国市制改革的政治逻辑》，载《南开学报》2017 年第 1 期。

145. 程美宝：《当人类学家走进历史——读 Helen F. Siu，*Tracing China: A Forty-Year Ethnographic Journey*》，载《二十一世纪》2016 年 12 月号总第 158 期。

146. 莫纪宏：《提升地方人大立法权利能力与行为能力的制度路径初探》，载《江苏行政学院学报》2016 年第 5 期。

147. 郑磊、贾圣真：《从“较大的市”到“设区的市”：地方立法主体的扩容与宪法发展》，载《华东政法大学学报》2016 年第 4 期。

148. 谢崇科：《立法需求的利益识别与平衡》，载《人大研究》2016 年第 3 期。

149. 汪俊英：《关于设区的市立法权的若干思考》，载《学习论坛》2016 年第 3 期。

150. 赵一单：《立法权的宪法界限研究》，载《甘肃政法学院学报》2016 年第 2 期。

151. 李少文：《地方立法权扩张的合宪性与宪法发展》，载《华东政法大学学报》2016 年第 2 期。

152. 徐亚文、邵敏：《论新〈立法法〉修订后的市级立法权》，载《哈尔滨工业大学学报（社会科学版）》2016 年第 2 期。

153. 王理万：《立法官僚化：理解中国立法过程的新视角》，载《中国法律评论》2016 年第 2 期。

154. 王仰文：《限量下放模式下地方立法权平稳承接研究》，载《时代法学》2016 年第 2 期。

155. 易有禄：《设区市立法权的权限解析》，载《政法论丛》2016年第2期。

156. 孙良胜、李艳中：《立法赋权于设区的市——从背景、理论到实践的探究》，载《岭南学刊》2016年第1期。

157. 郑毅：《对我国〈立法法〉修改后若干疑难问题的诠释与回应》，载《政治与法律》2016年第1期。

158. 李适时：《全面贯彻实施修改后的立法法——在第二十一次全国地方立法研讨会上的总结》，载《中国人大》2015年第21期。

159. 周尚君、郭晓雨：《制度竞争视角下的地方立法权扩容》，载《法学》2015年第11期。

160. 韩业斌：《法治中国与地方法治互动的路径选择》，载《法学》2015年第9期。

161. 程庆栋：《论设区的市的立法权：权限范围与权力行使》，载《政治与法律》2015年第8期。

162. 秦前红、李少文：《地方立法权扩张的因应之策》，载《法学》2015年第7期。

163. 罗建明：《规范性文件备案审查法律制度缺陷分析》，载《人大研究》2015年第6期。

164. 钱弘道、杜维超：《论实验主义法治——中国法治实践学派的一种方法论进路》，载《浙江大学学报（人文社会科学版）》2015年第6期。

165. 张洋：《地方如何用好立法权》，载《人大建设》2015年第5期。

166. 姜明安：《改进和完善立法体制，〈立法法〉呈现七大亮点》，载《行政管理改革》2015年第4期。

167. 罗思东：《美国地方政府体制的“碎片化”评析》，载《经济社会体制比较》2015 年第 4 期。

168. 苗连营:《立法法重心的位移:从权限划分到立法监督》,载《学术交流》2015 年第 4 期。

169. 庞凌:《依法赋予设区的市立法权应注意的若干问题》,载《学术交流》2015 年第 4 期。

170. 郑毅:《对新〈立法法〉地方立法权改革的冷思考》,载《行政论坛》2015 年第 4 期。

171. 马英娟:《地方立法主体扩容:现实需求与面临挑战》,载《上海师范大学学报(哲学社会科学版)》2015 年第 3 期。

172. 秦前红、刘怡达:《地方立法权主体扩容的风险及其控制》,载《海峡法学》2015 年第 3 期。

173. 丁祖年、路国连:《对进一步优化立法权限配置的思考》,载《法治研究》2015 年第 2 期。

174. 陈光:《论城市群发展背景下较大的市立法权之扩展》,载《江汉学术》2015 年第 1 期。

175. 向立力:《地方立法发展的权限困境与出路试探》,载《政治与法律》2015 年第 1 期。

176. 朱景文:《我国立法监督制度之反思》,载《群言》2015 年第 1 期。

177. 俞荣新:《新中国成立以来我国计划单列市的历史演进》,载《党史文苑》2014 年第 13 期。

178. 邓世豹:《论授予较大市完整立法权》,载《暨南学报(哲学社会科学版)》2014 年第 10 期。

179. 王仰文:《地方人大委托"第三方"参与立法的理论诠释与实践思考》,载《河北法学》2014 年第 10 期。

180. 庞凌：《论地方人大与其常委会立法权限的合理划分》，载《法学》2014 年第 9 期。

181. 庄红蕾：《对“较大的市”审批工作的思考》，载《行政与法》2014 年第 7 期。

182. 应松年：《加快法治建设促进国家治理体系和治理能力现代化》，载《中国法学》2014 年第 6 期。

183. 焦洪昌、马骁：《地方立法权扩容与国家治理现代化》，载《中共中央党校学报》2014 年第 5 期。

184. 汤善鹏、严海良：《地方立法不必要重复的认定与应对》，载《法制与社会法发展》2014 年第 4 期。

185. 王怡：《论“较大的市”之立法权——基于对宪法文本的解读》，载《中山大学法律评论》2014 年第 4 期。

186. 陈吉利：《法律抵触判定原理的反思和重构》，载《行政法学研究》2014 年第 3 期。

187. 涂缦缦：《“较大的市”完整立法权探论》，载《交大法学》2014 年第 3 期。

188. 徐向华：《国家治理现代化视角下的〈立法法〉修改》，载《交大法学》2014 年第 3 期。

189. 周尚君：《地方法治试验的动力机制与制度前景》，载《中国法学》2014 年第 2 期。

190. 张浚：《福利困境、“去民主化”和欧洲一体化：欧洲政治转型的路径》，载《欧洲研究》2014 年第 1 期。

191. 何增科：《怎么理解国家治理及其现代化》，载《马克思主义与现实》2014 年第 1 期。

192. 秦前红：《为什么地方人大在立法上少有作为？》，载《民主与科学》2014 年第 1 期。

193. 柴方胜：《论我国地方立法监督制度的问题与对策》，载《求实》2013 年 S1 期。

194. 吴兴国：《论我国公众参与地方立法的完善路径》，载《江西社会科学》2013 年第 7 期。

195. 孙波：《地方立法“不抵触”原则探析——兼论日本“法律先占”理论》，载《政治与法律》2013 年第 6 期。

196. 涂青林：《论地方立法的地方特色原则、实现难点及其对策》，载《人大研究》2013 年第 6 期。

197. 杨景宇：《关于立法法和监督法的几个问题》，载《北京人大》2013 年第 6 期。

198. 卢群星：《隐性立法者：中国立法工作者的作用及其正当性难题》，载《浙江大学学报（人文社会科学版）》2013 年第 3 期。

199. 何慧娟：《地方立法中部门利益倾向的成因及对策》，载《人大研究》2013 年第 3 期。

200. 邬蕾：《地方利益崛起背景下中央与地方权限争议分析及改革思路》，载《探索》2013 年第 1 期。

201. 周尚君：《国家建设视角下的地方法治试验》，载《法商研究》2013 年第 1 期。

202. 陈道英：《全国人大常委会法规备案审查制度研究》，载《政治与法律》2012 年第 7 期。

203. 黄文艺：《认真对待地方法治》，载《法学研究》2012 年第 6 期。

204. 杨光斌：《作为民主形式的分权：理论建构、历史比较与政策选择》，载《中国人民大学学报》2012 年第 6 期。

205. 熊光清：《从辅助原则看个人、社会、国家、超国家之间的关系》，载《中国人民大学学报》2012 年第 5 期。

206. 朱振进：《对较大市地方性法规审查批准的思考》，载《观察与思考》2012 年第 4 期。

207. 黄文艺：《谦抑、民主、责任与法治——对中国立法理念的重思》，载《政法论丛》2012 年第 2 期。

208. 陈伯礼、杨道现：《立法责任的概念与法理分析——以规范立法权为视角》，载《社会科学家》2012 年 S1 期。

209. 宋鹏举、俞俊峰：《论法规规章备案审查制度的完善》，载《人民论坛》2011 年第 17 期。

210. 陈亚杰：《二十世纪八十年代中国城市经济体制综合改革试点述论》，载《中央党史研究》2011 年第 9 期。

211. 白龙、周林刚：《立法官僚的兴起与封闭——以 1979 年—2010 年全国人大立法为中心的考查》，载《文化纵横》2011 年第 3 期。

212. 雷斌：《改进地方立法的几个问题》，载《人大研究》2011 年第 2 期。

213. 王春业：《论地方立法的合宪性审查机制》，载《学习论坛》2011 年第 1 期。

214. 甄贞、王志坤：《诉讼监督地方立法的反思》，载《国家检察官学院学报》2011 年第 1 期。

215. 任尔昕、宋鹏：《关于地方重复立法问题的思考——正确理解并遵循立法的科学原则》，载《法学杂志》2010 年第 9 期。

216. 汪庆红：《地方立法监督实证研究：体制与程序》，载《北方法学》2010 年第 6 期。

217. 刘培伟：《基于中央选择性控制的实验——中国改革“实践”机制的一种新解释》，载《开放时代》2010 年第 4 期。

218. 张帆：《规范的缝隙与地方立法的必要性》，载《政治与法律》2010 年第 3 期。

219. 陈谦：《地方政府部门利益化问题成因与治理》，载《求索》2010 年第 2 期。

220. 陈光、于海亭：《较大的市立法的制度变迁及其改进》，载《中国矿业大学学报（社会科学版）》2010 年第 1 期。

221. 宋方青：《地方立法中公众参与的困境与出路》，载《法学》2009 年第 12 期。

222. 陈桂生：《基于辅助原则的行政立法效益研究》，载《法治研究》2009 年第 9 期。

223. 樊纲、胡永泰：《进“平行推进”而不是“循序渐进”：关于体制转轨最优路径的理论与政策》，载《开放时代》2009 年第 7 期。

224. [德] 韩博天：《中国异乎常规的政策制定过程：不确定情况下的反复试验》，载《开放时代》2009 年第 7 期。

225. 刘鹏：《三十年来海外学者视野下的当代中国国家性及其争论述评》，载《社会学研究》2009 年第 5 期。

226. 黄宗智：《改革中的国家体制：经济奇迹和社会危机的同一根源》，载《开放时代》2009 年第 4 期。

227. 曹胜亮：《论地方立法的科学化》，载《法学论坛》2009 年第 3 期。

228. 谭波：《论完善中央与地方权限争议立法解决机制》，载《法学论坛》2009 年第 3 期。

229. 黄文艺：《信息不充分条件下的立法策略——从信息约束角度对全国人大常委会立法政策的解读》，载《中国法学》2009 年第 3 期。

230. 饶龙飞、许秀姿：《立法时机三论》，载《井冈山学院学报（哲学社会科学版)》2009 年第 1 期。

231. 郑磊:《“较大的市”的权限有多大——基于宪法文本的考察》,载《国家行政学院学报》2009 年第 1 期。

232. 胡旭东:《地方立法权在中国法治中的双重角色》,载《中国党政干部论坛》2008 年第 9 期。

233. 骆惠华:《试析地方立法工作中的几个观念问题》,载《人大研究》2008 年第 9 期。

234. 王绍光:《学习机制与适应能力:中国农村合作医疗体制变迁的启示》,载《中国社会科学》2008 年第 6 期。

235. 程金华:《地方政府、国家法院与市场建设——美国经验与中国改革》,载《北京大学学报(哲学社会科学版)》2008 年第 6 期。

236. 封丽霞:《中央与地方立法权限的划分标准:“重要程度”还是“影响范围”?》,载《法制与社会发展》2008 年第 5 期。

237. [德] 韩博天:《中国经济腾飞中的分级制政策试验》,载《开放时代》2008 年第 5 期。

238. 孙波:《论地方性事务——我国中央与地方关系法治化的新进展》,载《法制和社会发展》2008 年第 5 期。

239. 赵辉:《对较大的市及其立法权的讨论》,载《哈尔滨学院学报》2008 年第 5 期。

240. 王锡锌:《利益组织化、公众参与和个体权利保障》,载《东方法学》2008 年第 4 期。

241. 蒋云根:《提升基层政府公共服务供给能力的路径思考》,载《甘肃行政学院学报》2008 年第 3 期。

242. 孙波:《论地方专属立法权》,载《当代法学》2008 年第 2 期。

243. 丁国卿:《我国立法监督制度的现状及其完善》,载《江西社会科学》2008 年第 1 期。

244. 饶世权、饶艾：《地方立法公众参与的概念、主体与价值》，载《西北大学学报（哲学社会科学版）》2008 年第 1 期。

245. 周黎安：《中国地方官员的晋升锦标赛模式研究》，载《经济研究》2007 年第 7 期。

246. 郭凯峰：《中国市制发展问题分析——以江苏省为例》，载《重庆市科技学院学报（社会科学版）》2007 年第 6 期。

247. 石维斌：《我国法规备案审查的问题与对策》，载《人大研究》2007 年第 6 期。

248. 何建辉：《立法：利益表达的过程》，载《甘肃社会科学》2007 年第 5 期。

249. 孙波：《试论地方立法“抄袭”》，载《法商研究》2007 年第 5 期。

250. 张桂芹：《一次提高立法质量的有益尝试——青岛市首次开展地方立法评估活动》，载《中国人大》2007 年第 5 期。

251. 江材讯：《科学规范行政权力避免部门利益法制化——第十二次全国地方立法研讨会侧记》，载《人大研究》2007 年第 3 期。

252. 邓正来：《直面全球化的主体性中国——谈“中国法学的主体性建构”》，载《中国法学》2007 年第 2 期。

253. 江涌：《警惕部门利益膨胀》，载《瞭望》2006 年第 41 期。

254. 顾建亚：《法律位阶划分标准探新》，载《浙江大学学报（人文社会科学版）》2006 年第 6 期。

255. 邓正来：《中国法律哲学当下基本使命的前提性分析——作为历史性条件的世界结构》，载《法学研究》2006 年第 5 期。

256. 顾建亚：《突破上位法时的抵触标准——以“其他规范性文

件”为研究基点》，载《中国地质大学学报》2006 年第 4 期。

257. ［美］克利福德·科布等：《社会指标的历史教训》，载《经济社会体制比较》2006 年第 4 期。

258. 崔卓兰、孙波：《地方立法质量提高的分析和探讨》，载《行政法学研究》2006 年第 3 期。

259. 焦科龙：《我国中央与地方立法权限的划分》，载《河南省政法管理干部学院学报》2006 年第 3 期。

260. 李兵：《国务院批准具有立法权的“较大的市”行为研究》，载《行政法学研究》2006 年第 2 期。

261. 汪全胜：《论法规批准制度》，载《北京行政学院学报》2006 年第 2 期。

262. 高其才：《现代立法理念论》，载《南京社会科学》2006 年第 1 期。

263. 熊英：《地方立法中的地方保护主义》，载《中国改革》2005 年第 11 期。

264. 李兵：《关于划定具有立法权的“较大的市”的思考》，载《法学》2005 年第 9 期。

265. 薛佐文：《论我国的立法监督制度》，载《西南民族大学学报（人文社科版）》2005 年第 7 期。

266. 戴激涛：《公众参与：作为美德和制度的存在——探寻地方立法的和谐之道》，载《时代法学》2005 年第 6 期。

267. 崔卓兰等：《地方立法膨胀趋向的实证分析》，载《吉林大学社会科学学报》2005 年第 5 期。

268. 刘益华：《剖析“立法寻租”现象》，载《太原师范学院学报（社会科学版）》2005 年第 4 期。

269. 杨解君：《法治建设中的碎片化现象及其碎片整理》，载《江海学刊》2005 年第 4 期。

270. 周旺生：《重新研究法的渊源》，载《比较法研究》2005 年第 4 期。

271. 周旺生：《法的渊源与法的形式界分》，载《法制与社会发展》2005 年第 4 期。

272. 周黎安：《晋升博弈中政府官员的激励与合作——兼论我国地方保护主义和重复建设问题长期存在的原因》，载《经济研究》2004 年第 6 期。

273. 胡玉鸿：《试论法律位阶划分的标准——兼及行政法规与地方性法规之间的位阶问题》，载《中国法学》2004 年第 3 期。

274. 马怀德：《地方保护主义的成因和解决之道》，载《政法论坛》2003 年第 6 期。

275. 陶有伦：《关于“较大的市”立法权讨论》，载《行政与法》2003 年第 6 期。

276. 杨忠文、杨兆岩：《法的效力等级辨析》，载《求是学刊》2003 年第 6 期。

277. 孙潮、徐向华：《论我国立法程序的完善》，载《中国法学》2003 年第 5 期。

278. 王锡锌、章永乐：《专家、大众与知识的运用——行政规则制定过程的一个分析框架》，载《中国社会科学》2003 年第 3 期。

279. 赵淑光、田树槐：《从“法律局限”论德法兼治的必要性》，载《长春大学学报》2003 年第 2 期。

280. 郑毓盛、李崇高：《中国地方分割的效率损失》，载《中国社会科学》2003 年第 1 期。

281. 周旺生：《论立法法与其历史环境——关于立法法研究的一个方法论问题》，载《法学论坛》2001 年第 5 期。

282. 上官丕亮：《立法法对行政立法程序规定的缺陷及其完善》，载《行政法学研究》2001 年第 3 期。

283. 周永坤：《法治视角下的立法法——立法法若干不足之评析》，载《法学评论》2001 年第 3 期。

284. 周振鹤：《行政区划史研究的基本概念与学术用语刍议》，载《复旦学报（社会科学版）》2001 年第 3 期。

285. 周阿求：《我国〈立法法〉良性违宪嫌疑现象浅析》，载《人大研究》2000 年第 10 期。

286. 胡锦光：《立法法对我国违宪审查制度的发展及不足》，载《河南省政法管理干部学院学报》2000 年第 6 期。

287. 徐向华、林彦：《我国〈立法法〉的成功与不足》，载《法学》2000 年第 6 期。

288. 杨利敏：《我国〈立法法〉关于权限规定的缺陷分析》，载《法学》2000 年第 6 期。

289. 洪世宏：《无所谓合不合宪法——论民主集中制与违宪审查制的矛盾及解决》，载《中外法学》2000 年第 5 期。

290. 刘克希：《较大的市制定的地方性法规应当经批准》，载《现代法学》2000 年第 5 期。

291. 应松年：《一部推进依法治国的重要法律——关于〈立法法〉中的几个重要问题》，载《中国法学》2000 年第 4 期。

292. 苗连营、宋雅芳：《论地方性法规的批准与备案制度》，载《郑州大学学报（社会科学版）》2000 年第 2 期。

293. 谢庆奎：《中国政府的府际关系研究》，载《北京大学学报（哲学社会科学版)》2000 年第 1 期。

294. 刘松山：《论立法中民主原则的落实》，载《法商研究》1999 年第 6 期。

295. 李林：《关于立法权限划分的理论与实践》，载《法学研究》1998 年第 5 期。

296. 朱福惠：《论我国法的冲突及其解决机制》，载《现代法学》1998 年第 4 期。

297. 郭道晖：《论立法的社会控制限度》，载《南京大学法律评论》1997 年春季号。

298. 张静：《多重角色的选择逻辑和利益相对性》，载《社会科学季刊》1997 年第 1—2 期。

299. 何建贵：《地方立法若干问题思考》，载《政法论坛》1996 年第 1 期。

300. 李亚虹：《对转型时期中央与地方立法关系的思考》，载《中国法学》1996 年第 1 期。

301. 沈关成：《对地方立法权的再认识》，载《中国法学》1996 年第 1 期。

302. 张世荣：《“不抵触”原则新探》，载《人大工作通讯》1995 年第 9 期。

303. 敖俊德：《地方立法批准权是地方立法权的组成部分——兼评王林“地方立法批准权不是立法权的组成部分”》，载《人大工作通讯》1995 年第 8 期。

304. 郑成良：《法律、契约与市场》，载《吉林大学社会科学学报》1994 年第 4 期。

305. 蔡定剑：《立法权与立法权限》，载《法学研究》1993 年第 5 期。

306. 谢怀栻：《是统一立法还是地方分散立法》，载《中国法学》1993 年第 5 期。

307. 夏平华、杜永昌、罗志先：《对“半立法权”概念的异议——兼与宓雪军同志商榷》，载《中国法学》1993 年第 2 期。

308. 丁祖军、宓雪军：《试论不抵触原则》，载《现代法学》1993 年第 1 期。

309. 陈洪波、王亚平、张明新：《略论地方立法中部门利益倾向的一般表现形式及其防治对策》，载《法学评论》1992 年第 2 期。

310. 宓雪军：《半个立法权辨析》，载《现代法学》1991 年第 6 期。

311. 宓雪军：《半立法权探讨》，载《中国法学》1991 年第 6 期。

312. 何敏智：《城市机构改革的可贵实践——十六个中等城市机构改革试点工作综述》，载《中国经济贸易导刊》1987 年第 12 期。

（三）其他类

313. 黄学贤：《重大行政决策之公众参与制度》，苏州大学 2016 年博士学位论文。

314. 刘雁鹏：《较大的市立法研究》，中国人民大学 2015 年博士学位论文。

315. 方小刚：《较大的市人大及其常委会立法权的法律控制》，华东政法大学 2015 年博士学位论文。

316. 赵延聪：《地方自治监督制度研究》，山东大学 2015 年博士学位论文。

317. 阎锐：《地方人大在立法过程中的主导功能研究——以上海市为例》，华东政法大学 2013 年博士学位论文。

318. 陈光：《区域立法协调机制研究》，山东大学 2011 年博士学位论文。

319. 何显明：《市场化进程中的地方政府行为自主性研究——基于浙江的个案分析》，复旦大学 2007 年博士学位论文。

320. 陈丽平：《已确定 214 个设区市行使立法权》，载《法制日报》2016 年 3 月 11 日，第 2 版。

321. 周尚君：《地方立法权扩容的“喜”与“忧”》，载《学习时报》2015 年 10 月 29 日，第 4 版。

322. 王鹤：《广东 17 地级市将获地方立法权》，载《广州日报》2015 年 3 月 28 日，第 A1 版。

323. 黄丽娜、孙晶：《地方立法权扩容有人欢喜有人忧》，载《羊城晚报》2015 年 3 月 10 日，第 A4 版。

324. 刘怡达：《改革范式的演变与立法模式》，载《学习时报》2014 年 8 月 11 日，第 5 版。

324. 丘栋辉、陈丽平：《地方立法消除利益“割据”路漫漫》，载《法制日报》2007 年 7 月 18 日，第 8 版。

326. 王旭东、易明刚：《指引制度：让立法者“睁大眼睛”》，载《人民日报》2006 年 8 月 16 日，第 13 版。

327. 黄文艺：《节制，立法者的美德》，载《法制日报》2002 年 11 月 21 日，第 8 版。

328. 郑淑娜：《全国 24 个省、自治区决定设区的市行使立法权》，http://www.chinanews.com/gn/2016/03-10/7791344.shtml，2020 年 3 月 1 日访问。

329. 郑淑娜：《全国人大常委会法工委负责人答记者问》，https://news.china.com/2015lh/news/11170076/20150309/19362524.html，2020 年 3 月 1 日访问。

330. 新华社：《中共中央关于全面推进依法治国若干重大问题的决定》，http://cpc.people.com.cn/n/2014/1028/c64387-25926125.html，2020 年 3 月 1 日访问。

331. 杨卫：《“较大的市”“设区的市”概念重叠》，http://www.npc.gov.cn/npc/xinwen/2014-08/31/content_1876764.htm，2020 年 3 月 1 日访问。

332.《中华人民共和国立法法修正案（草案)》，http://www.npc.gov.cn/npc/lfzt/2014/2014-08/31/content_1876776.htm，2020 年 3 月 1 日访问。

333.《中华人民共和国立法法修正案（草案)》（二次审议稿）http://www.npc.gov.cn/npc/lfzt/2014/2014-12/30/content_1892183.htm，2020 年 3 月 1 日访问。

二、外文类参考文献

（一）著作类

334. Breton & Albert, *Competitive Governments: An Economic Theory of Politics and Public Finance*, Cambridge University Press, 1996.

335. Francis Perroux, *Note on the Concept of Growth Poles, Regional Economics: Theory and Practice*, The Free Press, 1955.

336. Geoffery Brennan ed., *The Power to Tax: Analytical Foundations of Fiscal Constitution*, Cambridge University Press, 1980.

337. George Contogeorgis, *The Maastricht Treaty on European Union: The Future of Europe*, Springer Netherlands, 1993.

338. George W. Carey, *The Federalist: Design for a Constitutional*

Republic, University of Illinois Press, 1994.

339. G.shabbir Cheema & Dennis A.Rondinelli, *Decentralization and Government: Emerging Concepts and Practices*, Washington Brookings Instiction Press, 2007.

340. Helen F. Siu, *Tracing China: A Forty-Year Ethnographic Journey*, Hong Kong University Press, 2014.

341. J.Cohen & S.Peterson, *Administration Decentralization: Strategies for Developing Countries*, Kumarian Press, 2009.

342. Kenneth G. Lieberthal ed., *Bureaucracy, Politics and Decision: Making in Post-Mao China*, University of California Press, 1992.

343. Lester M. Salamon, *Partners in Public Servie: Government-Nonprofit Relations in the Modern Welfare State*, Johns Hopkins University Press, 1995.

344. Levi-Faur D., *Oxford Handbook of Governance*, Oxford University Press, 2012.

345. M.J. Malbin, *Unelected Representatives: Congressional Staff and the Future of Representative Government,* Basic Books, 1982.

346. Niklas Luhmann, *Law as a Social System*, Oxford University Press, 2004.

347. Perri 6 ed., *Towards Holistic Governance: The New Reform Agenda*, Palgrave, 2002.

348. Robert B. Seidman, *The State, Law, and Development*, St. Martin's Press, 1978.

349. Tom Christensen & Per Legreid, *Transcending New Public Management: The Transformation of Public Sector Reforms*, Ashgate

Publishing Company, 2007.

350. Wallance F.Smith, *Urban Development: The Process and the Problems*, University of California Perss, 1975.

351. Yong-Nian Zheng, *Quasi-Corporatism, Developmental Localism and Behavioral Localism*, Princeton University Press, 1994.

（二）论文类

352. Alex Mill, *Federalism in the European Union and the United States: Subsidiarity, Private Law, and the Conflict of Laws*, University of Pennsylvania Journal of International Law, Vol.32:2（2011）.

353. Linda Chelan Li, *Central-Local Relations in the People's Republic of China: Trends, Processes and Impacts for Policy Implementation*, Public Administration and Development, Vol.30（2010）.

354. T. Shi, *Is There an Asian Value? Popular Understanding of Democracy in Asia*, in D.Yang & I. Zhao eds., China's Reform at 30: Challenges and Prospects, World Scientific Publishing Company, 2009.

355. Charles F. Sabel & Jonathan Zeitlin, *Learning from Difference: The New Architecture of Experimentalist Governance in the EU*, European Law Journal, Vol.14:3（2008）.

356. Lubomir Bakule, *Decentralized Control:an Overview*, Annual Reviews in Control, Vol. 32:1（2008）.

357. Sebastian Heilmann, *Policy Experimentation in China's Economic Rise*, Studies of Comparative and International Development, Vol.43:1(2008).

358. Sebastian Heilmann, *From Local Experiment s to National Policy: The Origins of China's Distinctive Policy Process*, The China

Journal, No.59（2008）.

359. Zhichang Zhu, *Reform Without A Theory: Why Does It Work in China?*, Organization Studies, Vol.28:10（2007）.

360. Chan, H.S. & Chow, K.W., *Public Management Policy and Practice in Western China: Metapolicy, Tacit Knowledge, and Implications for Management Innovation Transfer*, the American Review of Public Administration, Vol.37:4（2007）.

361. Janice L. Caulfield, *Local Government Reform in China: A Rational Actor Perspective*, International Review of Administrative Sciences, Vol.72:2（2006）.

362. Erika Szyszczak,*Experimental Governance: The Open Method of Coordination*, European Law Journal, Vol. 12: 4（2006）.

363. Wallace E. Oates, *Fiscal competition and European Union: contrasting perspectives*, Regional Science and Urban Economics, Vol.31（2001）.

364. Daniel Halberstam, *State Autonomy in Germany and the United States*, The Annals of the American Academy of Political and Social Science, Vol. 574:1（2001）.

365. Gráinne de Búrca, *The Principle of Subsidiarity and the Court of Justice as an institutional Actor*, Journal of Common Market Studies, Vol. 36:2（1998）.

366. Linda Chelan Li, *Central-Provincial Relations: Beyond Compliance Analysis*, in Joseph Cheng ed., China Review 1998, Chinese University Press, 1998.

367. Jelić Zoran I., *Note on Adolf Merkl's Theory of Administrative Law*, Facta Universitatis, *Law and Politics*, Vol.1:2（1998）.

368. Jurgen G. Backhaus, *Subsidiarity and Ecologically Based Taxation: A European Constitutional Perspective*, Public Choice, Vol.90:1（1997）.

369. Seidman Ann & Seidman Robert B., *Drafting Legislation for Development: Lessons from a Chinese Project*, The American Journal of Comparative Law, Vol.44:1（1996）.

370. Zhao Suisheng,*China's Central-Local Relationship: A Historical Perspective*, in Hao Jia and Zhimin Lin eds., Changing Central-Local Relations in China: Reform and State Capacity, Westview Press, 1994.

371. K. Parris, *Local Inititative and National Reform: The Wenzhou Model of Development*, The China Quarterly, No. 134, 1993.

372. Gordon L.Clark, *A Theory of Local Autonomy*, Annals of the Association of American Geographers, Vol.74: 2（1984）.

373. Anne O. Krueger, *The Political Economy of the Rent-Seeking Society, The American Economic Review*, Vol.64:3（1974）.

374. A. A.Alchian & H.Demsetz, *The Property Rights Paradigm*, Journal of Economic History, Vol.33:1（1973）.

375. Lindblom, *The Science of Muddling Through*, Public Administration Review, Vol.19:2（1959）.

376. H.W.Jones, *Bill-Drafting Services in Congress and the State legislatures*, Harvard law Review, Vol.65:3（1952）.

377. Hayek F. A., *The Use of Knowledge in Society*, American Economic Review, Vol. 35:4（1945）.

（三）其他类

378. Protocol on the application of the principles of subsidiarity and

proportionality, treaty of amsterdam, 1997.

379. Protocol on the application of the principles of subsidiarity and proportionality, treaty of lisbon, 2007.

380. J.Zeitlan & C.F.Sabel, *Experimentalism in Transnational Governance: Emergent Pathways and Diffusion Mechanisms*, presented at the panel on "Global Governance in Transition" , annual conference of the International Studies Association, Montreal, March 16-19, 2011.

381. José Manuel Barroso, *European Governance and the Community Method*, ectract from "Seminar on the Community Method. Elements of Synthesis" , Notre Europe/BEPA, May 2012.

382. Jean Bodin, Six Books of The Commonwealth, Chapter VIII, Concerning the Sovereignty, abridged and translated by M.J.Tooley, Basil Blackwell Oxford.

383. Lidija F. Basta, Decentralisation-Key Issues, Major Trends and Future Developments, http://www.ciesin.columbia.edu/decentralization/English/General/SDC_keyissues.pdf.

384. Charles F. Sabel & William H. Simon, *Minimalism and Experimentalism in the Administrative State*, Columbia Law School Public Law & Legal Theory Working Paper Group, November 3, 2011.

385. Litvaek, Jenny & Jessica Seddon, Decentralization: Brief Notes, Washington: The Word Bank, 1999.

386. Satu Kahkonen & Anthony Lanyi, *Decentralization and Governance: Does Decentralization Improve Public Service Delivery?*, World Bank Notes, No. 55, 2001.

图书在版编目(CIP)数据

市级立法的权能、实践与优化：以主体扩容为分析背景 / 杨惠琪著 . —北京：中国法制出版社，2021.3

ISBN 978-7-5216-1662-0

Ⅰ.①市… Ⅱ.①杨… Ⅲ.①地方法规－立法－研究－中国 Ⅳ.① D927

中国版本图书馆 CIP 数据核字（2021）第 029084 号

责任编辑：侯　鹏　　封面设计：李　宁

市级立法的权能、实践与优化：以主体扩容为分析背景

SHIJI LIFA DE QUANNENG、SHIJIAN YU YOUHUA: YI ZHUTI KUORONG WEI FENXI BEIJING

著者 / 杨惠琪

经销 / 新华书店

印刷 / 北京虎彩文化传播有限公司

开本 / 880 毫米 ×1230 毫米　32 开　　印张 / 7.5　字数 / 180 千

版次 / 2021 年 3 月第 1 版　　2021 年 3 月第 1 次印刷

中国法制出版社出版

书号 ISBN 978-7-5216-1662-0　　定价：39.00 元

北京西单横二条 2 号　邮政编码 100031　　传真：010-66031119

网址：http://www.zgfzs.com　　**编辑部电话：010-66060794**

市场营销部电话：010-66033393　　**邮购部电话：010-66033288**

（如有印装质量问题，请与本社印务部联系调换。电话：010-66032926）